Albrecht und Elisabeth Grözinger

Geh mit deinen Träumen

Biblische Aufbruchgeschichten

Quell

ISBN 3-7918-2224-1

1. Auflage 1993
Umschlaggestaltung: Klaus Dempel
Satz: Fotosatz Weyhing GmbH, Stuttgart
Druck: Maisch & Queck, Gerlingen

Inhalt

Vorwort

›Menschen im Aufbruch‹ – ein Thema, das Menschen über die Zeiten hinweg verbindet. Und zugleich ein Thema, dem Aktualität zukommt. Wie gelingt es uns heute, den scheinbaren oder tatsächlichen Sachzwängen, die allenthalben unser Leben bestimmen, zu entrinnen? Wie lebe ich ein Leben, das wirklich *mein* Leben ist? Wie ist ein Aufbruch möglich aus verkrusteten Erfahrungen, die uns oft so hilflos und resigniert machen? Wo und wie können wir neue Horizonte für ein Leben entdecken, das zu leben sich lohnt? Woher nehmen wir den Mut zum Aufbruch?
Wir haben versucht, uns diesen Fragen zu stellen. Als Spurensucherin und Spurensucher auf der Fährte unseres Lebens sind wir auf die Spur von Menschen geraten, von denen die biblischen Texte erzählen. Wir sind auf die Spur einer Tamar und einer Abigail gestoßen, wir haben versucht, den verschlungenen Wegen des Apostels Paulus zu folgen, um bereits hier nur einige wenige Namen zu nennen. Denn Lebensspuren sind immer mit unverwechselbaren Namen und Gesichtern verbunden.
Es sind die Lebensspuren von Menschen, die unter ganz anderen historischen Gegebenheiten lebten als wir heute. Fremd erscheint uns vieles an den Lebensspuren dieser Menschen – und doch zugleich auf eine merkwürdige Weise vertraut. Wir erkennen in den Hoffnungen eines Jakob auch unsere Hoffnungen. Wir fühlen uns ermutigt durch die Lebensenergie einer Tamar. Wir teilen die

Sehnsucht einer Rut nach der Geborgenheit einer liebevollen Beziehung.
Auf unserer Spurensuche nach den Lebenswegen von Menschen, die einen Aufbruch gewagt haben, sind wir auf keine geraden Lebenslinien gestoßen. Die Bibel zeichnet keine geschönten Idealbiographien, sondern erzählt höchst realistisch und zugleich verständnisvoll von den Abgründen und Irrwegen des menschlichen Lebens, aber auch von der Verheißung, die über allem menschlichen Leben liegt.
Wir haben uns auf eine gemeinsame Spurensuche begeben, und jede/r von uns hat ihre/seine eigenen Geschichten erzählt. Deshalb haben wir diese Geschichten jeweils auch mit unserem Namen gekennzeichnet. In jede dieser Geschichten ist auch unser Lebensweg, sind auch unsere Erfahrungen eingegangen.
Wir wünschen uns Leserinnen und Leser, die durch unsere Geschichten zum eigenen Erzählen angeregt werden. Wir können uns vorstellen, daß die von uns erzählten Geschichten in den verschiedensten Lebenszusammenhängen ›benutzt‹ werden können: Für das Lesen (still für sich selbst) und zum Überdenken der eigenen Lebensgeschichte; zum Vorlesen im Unterricht oder in einer Gruppe; als Anregung dazu, selbst in der Bibel solche Geschichten, die einen ansprechen, zu finden und zu erzählen; als Grundlage für eine bibliodramatische Verarbeitung; etc. Wenn unsere Geschichten in die Entdeckung eigener Lebensspuren und in das Erzählen davon hineinführen, dann haben diese Geschichten die Leserinnen und Leser gefunden, für die sie erzählt sind.

Ludwigsburg, im Juli 1992

Albrecht Grözinger
Elisabeth Grözinger

Jakob – Die Flucht, die zu einem Aufbruch wurde

(1. Mose 28,10–22)

Neugierig standen die beiden Kinder unter dem schattigen Olivenbaum und schauten ihrem Vater zu, wie er die beiden Esel belud. Simeon, der Vater der Kinder, lebte mit seiner Familie als Bauer in einem kleinen Dorf in der Nähe von Jericho. Seine beiden Söhne, Aaron und Daniel, hatten den Schatten des Baumes gesucht, denn die Sonne brannte schon heiß vom Himmel, obwohl sie erst vor einer Stunde aufgegangen war.

Simeon hatte an diesem Tag die beiden Kinder schon früh wecken wollen. Allerdings waren beide schon hellwach auf ihren Decken gelegen, als er in ihre Kammer getreten war. »Ihr seid wohl schon mächtig aufgeregt?« sagte er zu ihnen. Obwohl er keine Antwort erhielt, wußte er, daß er recht hatte, denn er blickte in zwei Paar erwartungsfrohe Kinderaugen. Seit Tagen schon redeten die Kinder von nichts anderem als von ihrer Reise. »Ich will die Kinder dieses Jahr mitnehmen«, hatte Simeon zu seiner Frau gesagt, die seinen Vorschlag erfreut begrüßte.

Und so war der von den Kindern heiß ersehnte Tag endlich gekommen. Ungeduldig standen sie im Schatten des Baumes. Simeon belud die Esel mit Säcken voll Korn und Krügen mit Öl. Es hatte dieses Jahr eine gute Ernte gegeben. Die Ähren trugen reich, und die Oliven ergaben beim Pressen mehr Öl als sonst. Endlich waren die Tiere fertig beladen, und der Vater brach mit seinen beiden Söhnen auf.

Zuerst fiel zwischen ihnen kein Wort. Die Kinder musterten mit wachen Augen die vorbeiziehende Landschaft, und Simeon hatte zunächst einmal damit zu tun, zu kontrollieren, ob die Last, die die Esel trugen, durch deren Bewegungen auch nicht verrutschte. Erst als das Dorf schon lange hinter ihnen lag, fragte Aaron, der Ältere der beiden Jungen, seinen Vater: »Warum machen wir das? Warum bringen wir die Dinge nach Bethel?«
»In Bethel«, antwortete Simeon, »ist ein Heiligtum, dorthin bringen wir den zehnten Teil dessen, was wir geerntet haben.«
»Warum müssen wir das tun?« fragte nun Daniel.
»Ich weiß gar nicht so recht, ob ich es tue, weil ich es muß«, sagte Simeon. »Ich will es einfach tun.«
»Warum?« fragte Daniel noch einmal. Die beliebte Kinderfrage ließ auch Simeon nicht zur Ruhe kommen. Aber er schien darüber gar nicht unglücklich zu sein. »Seht! Da vorne«, sagte er zu seinen beiden Söhnen, »stehen ein paar Bäume. Der rechte Ort für unsere erste Ruhepause. Dort will ich euch erzählen, warum wir die Dinge nach Bethel bringen.«
Kurze Zeit später saßen sie im Schatten der Bäume, aßen vom Fladenbrot und tranken aus dem Schlauch mit Wasser. »Es ist eine lange Geschichte, die ich euch erzählen will. Hört also genau zu!«

Und Simeon erzählte seinen Kindern: »Vor langer Zeit lebte Isaak, einer unserer Stammväter. Ihr wißt, daß er zwei Söhne hatte: Jakob und Esau. Und ich habe euch auch schon oft erzählt, wie Jakob seinen Bruder um das Recht betrogen hatte, als ältester Sohn den Segen des Vaters zu bekommen.« Oft mußte Simeon diese Geschichte vom Betrug des Jakob seinen Söhnen erzählen. Und er erlebte immer wieder amüsiert, wie sein Ältester für Esau Partei ergriff, während Daniel durchaus verstehen konnte, daß der Jüngere auch seinen Anteil am Segen des Vaters haben wollte. »Ein bißchen wie Jakob und Esau sind Aaron und Daniel schon«, hatte er oft lachend zu seiner Frau gesagt, die dann meist eher sorgenvoll auf die beiden Kinder blickte.

»Als Isaak alt geworden war, und es so aussah, daß er bald sterben würde, hörte man Esau immer öfter davon sprechen, daß nun die Stunde der Rache an seinem Bruder kommen werde. Dies hörte ihre Mutter Rebekka mit großer Unruhe. Und eines Tages sagte sie zu Jakob: ›Ich weiß nicht, wie ernst Esau seine Worte meint. Aber sie klingen sehr bedrohlich. Es ist, so glaube ich, am besten, wenn du für einige Zeit aus dem Blickfeld Esaus verschwindest.‹ Ihr könnt euch vorstellen, daß diese Worte den Jakob traurig gemacht haben. Es ist ja nicht leicht, von der eigenen Mutter von zu Hause weggeschickt zu werden, auch wenn sie es noch so gut mit einem meint. Zudem plagte Jakob ein schlechtes Gewissen. Er wußte, daß er seinem Bruder ein großes Unrecht zugefügt hatte. Und so blieb ihm nichts anderes übrig, als sich aufzumachen und in die Fremde aufzubrechen.

Viele, viele Tage war er unterwegs. Und je länger er durch meist öde und verlassene Gegenden, wilde Gebirge und trockene Wüsten zog, um so schwerer wurde es ihm ums Herz. Jakob war zwar nach außen hin oft sehr ruppig und darin seinem Bruder Esau sehr ähnlich, aber er hatte ein weiches Herz und ein Gewissen, das sich stets sehr schnell bei ihm meldete. Und wenn man so einsam Tag für Tag in der Fremde herumzieht, dann werden die Gedanken, die einem durch den Kopf gehen, immer schwerer, immer bedrohlicher.

Zwölf Tage lang war Jakob nun schon unterwegs. Die Abendsonne stand glutrot am Himmel. In wenigen Minuten würde sie untergehen, und die kalte Wüstennacht würde anbrechen. Und Jakob wußte, was eine Wüstennacht war. Da halfen kaum die beiden Decken, die er bei sich hatte, um sich die Kälte vom Leib zu halten. So manche Nacht lag Jakob schlotternd in den beiden Stunden vor Sonnenaufgang in seine Decken eingehüllt und wartete sehnsüchtig auf die ersten wärmenden Strahlen der Sonne.

Eine solche kalte Wüstennacht hatte Jakob nun wieder vor sich. An diesem Abend fiel es ihm besonders schwer, seinen Schlaf zu finden, den er doch so notwendig brauchte, um am nächsten Tag weiterziehen zu können. In den Nächten zuvor hatte er mehrere Male geträumt, daß Esau ihn eingeholt und mit einem Stein auf ihn eingeschlagen habe. ›Vielleicht geht es mir wie Abel, der von seinem Bruder Kain erschlagen wurde‹, stieß er einmal hervor, als er aus einem solchen Alptraum aufwachte. Jakob war an diesem Abend verzweifelter als je zuvor. Er hatte Heimweh, er wollte seine Mutter sehen, seinen Vater, und wohl auch seinen Bruder, den er betrogen hatte und den er deshalb so fürchten mußte. ›Werde ich jemals wieder zur Ruhe kommen können?‹ fragte er sich. ›Wird mir mein Bruder je verzeihen? Und werde ich meinem Vater je wieder unter die Augen treten können?‹

Jakob hing an seiner Familie. Dies lag auch an den Geschichten, die sie sich immer an den langen Abenden erzählt hatten. Die Geschichten, die so wichtig waren, weil in ihnen von ihrer Vergangenheit und ihrer Zukunft die Rede war. Besonders sein Vater Jakob erzählte diese Geschichten immer wieder, wenn es Streit gab, aber auch, wenn sie besonders glücklich waren.

›Unser Vater ist ohne seine Geschichten gar nicht denkbar‹, hatte Esau einmal gesagt, und er hatte recht damit. Es waren die Geschichten von Gott. Wie er ihren Großvater Abraham angesprochen und ihm verheißen hatte, ein großes Volk aus ihm zu machen. Wie dieser Segen aber lange auf sich warten ließ, weil Abraham und Sara im hohen Alter immer noch kein Kind hatten. Und wie dann gegen alle Lebenserfahrung doch noch Isaak geboren wurde, der ihr Vater war. Und dann gab es da auch eine ganz finstere Geschichte, die Isaak, der sonst so gern Geschichten erzählte, nur ungern und wenn überhaupt, dann nur sehr undeutlich erzählte. Daß er einmal geopfert werden sollte, und wie Gott selbst eingriff und sein Leben rettete. ›Ohne diesen Gott gäbe es weder mich noch euch‹, hatte Jakob oft zu seinen beiden Söhnen gesagt.
›Gelten diese Geschichten für mich nun nicht mehr?‹ fragte sich Jakob an diesem Abend. Und er wurde ganz verzweifelt, als er diese Frage in sich aufkommen spürte. ›Werde ich in diesen Geschichten nicht mehr vorkommen? Reißt meine Geschichte ab?‹ Mit solchen Gedanken legte sich Jakob neben einem großen Stein nieder, von dem er sich erhoffte, daß er ihm wenigstens ein wenig das Gefühl von Schutz und Geborgenheit in der Wüstennacht gewähren würde. ›So weit ist es schon mit mir gekommen, daß ich nur noch einen Stein zum Freund habe?‹ hörte er sich noch beim Einschlafen sagen.
Und dann geschah in dieser Nacht etwas, was das Leben des Jakob von Grund auf verändert hat.«

Simeon machte eine Pause und griff nach dem Wasserschlauch neben sich. Mit großen Augen saßen die Kinder vor ihrem Vater und blickten ihn erwartungsvoll an. »Erzähl weiter!« drängten ihn seine beiden Söhne beinahe wie aus einem Munde.

»In dieser Nacht hatte Jakob einen Traum. Er sah eine riesige Leiter, die von dem Stein, in dessen bergender Nähe er lag, bis in den Himmel hinaufreichte. Engel stiegen auf der Leiter hinauf und hinunter. Es war ein buntes Treiben, an dem Jakob sich gar nicht satt sehen konnte.

Und oben am Ende der Leiter hörte Jakob die Stimme Gottes. Und sein Herz wurde froh, als er hörte, was Gott zu ihm sagte: ›Ich bin der Herr, der Gott Abrahams, und deines Vaters Isaak Gott; das Land, darauf du liegst, will ich dir und deinen Nachkommen geben. Und alle deine Nachkommen werden so zahlreich wie Staub auf Erden sein, und du sollst ausgebreitet werden gegen Westen und Osten, Norden und Süden, und durch dich und deine Nachkommen sollen alle Geschlechter auf Erden gesegnet werden. Und siehe, ich bin mit dir und will dich behüten, wo du hinziehst, und will dich wieder herbringen in dies Land. Denn ich will dich nicht verlassen, bis ich alles tue, was ich dir zugesagt habe.‹

Als Jakob am nächsten Tag in aller Frühe erwachte, waren die ganze Verzweiflung und Traurigkeit der vergangenen Tage wie weggewischt. Zwar war er ein wenig furchtsam, weil er in dieser Nacht Gott so nahe gekommen war, aber im Grunde seines Herzens war er froh, so froh, wie er noch nie in seinem Leben war. ›Gott selbst hat mich in dieser Nacht gesegnet. Bisher hatte ich nur einen Segen, den ich mir durch einen Betrug an meinem Vater und Bruder erzwungen habe. Aber nun hat Gott mich aus freien Stücken gesegnet. Die Geschichten, die unser Vater erzählte, die gelten nun auch für mich. Meine Flucht hat ein Ende gefunden.‹

Jakob dachte an diesem Morgen auch an seine Schuld gegenüber dem Vater und dem Bruder. Er wußte, daß diese Schuld nicht einfach vergessen werden konnte. Aber er konnte nun mit dieser Schuld leben. Sie mußte ihn nicht erdrücken. Sein Leben, das wußte er seit dieser Nacht, konnte und sollte weitergehen. Und Gott ging auch weiter mit ihm auf seinem Weg. Dieser Weg war nun keine Flucht mehr, sondern ein Aufbruch. Ein Aufbruch mit Gott. Voller Dankbarkeit blickte Jakob um sich. Er sah den Stein liegen, der ihm noch am Abend zuvor der einzige Trost war. Und er sagte: ›Dieser Stein soll für alle Zeit daran erinnern, daß ich in dieser Nacht von Gott angenommen worden bin. Dieser Stein soll für alle Zeit daran erinnern, daß an dieser Stelle mein Aufbruch in ein neues Leben hinein seinen Anfang genommen hat. Und aus Dankbarkeit werde ich von allem, was ich weiter in meinem Leben bekommen werde, den zehnten Teil an dieser Stelle Gott darbringen.‹«

»Und deshalb, meine Söhne«, und Simeon blickte Aaron und Daniel ernst an, »bringen wir jedes Jahr den zehnten Teil unserer Ernte nach Bethel. Denn in Bethel hat die Geschichte stattgefunden, die ich euch soeben erzählt habe. Wenn ihr dort den großen Stein seht, dann wißt ihr jetzt, daß es derselbe Stein ist, der in jener Nacht dem Jakob zum Freund geworden ist. Und nun laßt uns aufbrechen!«

Aaron und Daniel schritten munter hinter ihrem Vater her. Und nach wenigen Minuten sagte Aaron zu Daniel: »Eigentlich habe ich mich zuerst geärgert, daß wir den zehnten Teil unserer Ernte nach Bethel bringen müssen.

Nun aber bin ich ganz froh, daß wir das tun. Denn wer weiß, was geworden wäre, wenn Jakob in dieser Nacht nicht von dieser Leiter zum Himmel geträumt hätte.«
Als Simeon diese Worte seines ältesten Sohnes hörte, huschte ein kurzes, glückliches Lächeln über seine Lippen. *A. G.*

Tamar – Aufbruch durch Gefahr hindurch

(1. Mose 38)

Eine Magd erzählt:

Tamar liegt im Sterben. Einige von uns werden ihr sicher keine Träne nachweinen. Tamar war eine strenge Herrin, und in den letzten Jahren wurden ihr Blick und Ton scharf, wenn sie entdeckte, daß einer von uns sich mehr herausnahm, als recht war. Dennoch – all die, auf die man zählen kann in diesem Haus, sind bedrückt. Sie wissen, wen sie verlieren. Ich habe Tamar, meine Herrin, geliebt. Sie hat mich nie ihre Überlegenheit spüren lassen, mich auch nie überfordert. Sie hat mir vertraut, nachdem sie gemerkt hatte, daß sie mir vertrauen kann. Ich war ihr wohl fast wie eine Freundin. Und das ist nicht einmal ein Wunder, wenn man überlegt, was wir alles zusammen durchgemacht haben.

Ich kam zu ihr, als sie mit Ger verheiratet wurde. Damals zog sie in das Haus des Juda, und ich, die zu seinem Haus gehörte, wurde ihr an die Seite gegeben, um ihr da zur Hand zu gehen, wo sie mich brauchte: bei der Wäsche, am Herd und auch bei den Kindern, die man erwartete. Tamar weinte viel in jener allerersten Zeit. Und sie war unzugänglich, weiß Gott nicht schwatzhaft. Mag sein, daß ihr die fremde Umgebung aufs Gemüt schlug, die Trennung von den Ihren. Vielleicht spürte sie auch unsere Zurückhaltung. Richtig warm waren wir, die wir mit Juda in das Land von Tamars Vätern gekommen

waren, nie mit den Kanaanäern geworden. Und das, obwohl Juda, Tamars Schwiegervater, die Tochter eines Kanaanäers zur Frau genommen hatte. Seit Jahren waren wir eine gemischte Gesellschaft im Hause Judas. Aber das Mißtrauen hörte nicht auf. Unheimlich waren uns die Bräuche, die die Alteingesessenen pflegten. Krause Gedanken vermuteten wir in deren Köpfe, Haß vielleicht auch gegen uns, die wir uns einfach eingenistet hatten in ihrem Land. Und wir, die wir den Haß der Kanaanäer fürchteten, betrachteten diese ja selber ohne Wohlwollen. Wir mißtrauten ihnen – insgeheim jedenfalls.
All das wird Tamar gespürt haben, damals – in der ersten Zeit. Ob sie glücklich war – in dieser ersten Zeit, in der Zeit mit Ger, dem ältesten Sohn Judas? Ich glaube nicht. Ich mochte Ger nie. Er sah mich immer mit so gierigen Augen an. Auch weiß ich, daß meine Mutter mich immer zu sich rief, sobald Ger in Sichtweite war. Obwohl ich damals noch ein Kind war.
Ger starb kurz nach der Hochzeit. Es war ein Unfall, als er nach der Herde sah. Er muß im Dunkeln gestolpert und auf einen Stein aufgeschlagen sein. Er war schon tot, als Judas Knechte ihn fanden. Auf die Nachricht, daß ihr Mann nicht zu ihr zurückkehren würde, sah ich Tamar nicht sonderlich bestürzt. Sie erschrak, das weiß ich noch. Ihre Augen wurden einen Moment lang größer, als sie ohnehin schon waren. Aber sie fing sich schnell wieder. Warum sollte sie sich auch beunruhigen? Ihr Platz im Hause Judas schien gesichert, ihre Rechte schienen nicht gefährdet. Denn Juda, unser Herr, genoß einen guten Ruf. Er würde Wort halten, das Recht nicht verletzen. Auch nicht gegenüber den Kanaanäern, denn er war ja selbst mit ihnen verwandt. Also würde er Tamars Auskommen sichern – und, was beinahe noch

wichtiger war für Tamar, auch für den bleibenden guten Ruf seines Sohnes Ger: er würde auch für Nachkommenschaft von Ger sorgen. Judas Ältester würde nicht als Unfruchtbarer dem Gespött der Leute preisgegeben werden. Er würde keiner sein, dessen Name so einfach erlischt, ohne eine Spur zu hinterlassen.

Es war ein Glück für Tamar, daß sie in ein Haus geraten war, in dem man Wert darauf legte, daß das Recht und also auch die eigene Ehre gewahrt wurden. Wäre man großzügiger gewesen im Hause Juda, nicht so erpicht auf Anstand und darauf, daß alles seine Ordnung hatte, es hätte schlecht ausgesehen für Tamar, die Witwe, die man noch immer für ein Kind halten konnte. So jung war Tamar damals. Jung und schön war Tamar, als sie ihren Mann verlor, keine Frau, die auf das Leben verzichten sollte. Das armselige Los einer kinderlosen Witwe – ich konnte mir es für meine Herrin nicht vorstellen. Ich hatte doch inzwischen bemerkt, daß sie gern lachte, daß sie aufblühte, wenn sie auf Anerkennung, auf Bewunderung stieß. Ich wußte doch mittlerweile, daß aus ihren Augen die Trauer verschwinden konnte und der Lust am Leben Platz machen konnte. Es hatte Momente gegeben, in denen ich nur neidvoll auf meine Herrin sehen konnte. In den ersten Wochen ihrer Ehe, als sie sich etwas an uns gewöhnt hatte, auch Zugang gefunden hatte zur Frau Judas, die Kanaanäerin war wie sie. Damals, als noch alles gut zu werden schien, da blitzte manchmal eine ungeheure Kraft in Tamar auf. Sie zog dann alle Blicke auf sich. Sogar Juda habe ich einmal dabei beobachtet, daß er seine Schwiegertochter wie abwesend und verzückt anstarrte. O ja, auch Juda.

Ich hatte eine Herrin, die den Mittelpunkt bildete, wo sie nur auftauchte. Sie forderte das nicht heraus. Sie war einfach nur da, und man wurde auf sie aufmerksam. Anfangs konnte ich das kaum ertragen. Aber als Ger starb, da konnte ich die Vorstellung noch viel weniger ertragen, daß Tamar glanzlos und abgeschoben ihr Leben in einem Winkel ihres Vaterhauses zu Ende bringen sollte. Ich war deshalb froh, daß Juda tat, was sich gehörte in unserem Volk. Er schickte Onan, seinen Zweitgeborenen, zu Tamar, damit er dafür sorge, daß Ger Nachkommen bekam, und daß Tamars Platz im Hause Juda ein ehrenvoller blieb. Kinder würde Tamar haben. Den Spott, die Verachtung der fruchtbaren Frauen in ihrer Umgebung würde sie nicht zu spüren bekommen. Das dachte ich, als Onan zu Tamar ging.

Am Morgen nach der ersten Nacht von Onan und Tamar entdeckte ich Onans Samen bei ihrem Lager. Ich hatte gehört, daß das die Männer tun können und warum sie es tun. Und ich wußte, was das hier bedeutete. An diesem Lager. Der feine Onan war sich zu schade, um zum Vollstrecker der Kraft seines älteren Bruders zu werden. Der Ruf seines Bruders war ihm egal. Mit seinem Samen wollte Onan nur Kinder, die seinen Namen trugen, nicht aber solche, die seinem Bruder zugerechnet würden. Ich habe Tamar gezeigt, was ich entdeckt hatte. Ich glaube, das war der Moment, an dem sie mich zum ersten Mal richtig wahrnahm. Damals begann das, was ich Freundschaft nenne, Freundschaft zwischen meiner Herrin und mir.

Am Nachmittag jenes Tages bat mich Tamar um Öle und Salben, um Schminke für ihre Lippen. Ich legte meiner Herrin ihr schönstes Gewand heraus – unaufgefordert. Mit einem Lächeln dankte sie mir das. Das weiß ich noch. Ich rieb ihr den Rücken mit kostbaren und wohlduftenden Ölen ein, massierte sie und später, als sie angekleidet und geschminkt vor mir stand, da ordnete ich ihr die

letzten Kleinigkeiten, nahm überflüssiges Lippenrot weg und schwärzte die Wimpern nach.
So schön war Tamar an jenem Abend, daß ich allen Neid vergaß. Ich war nur noch stolz, ausgerechnet sie zur Herrin bekommen zu haben. Tamar hatte sich ausgeruht an jenem Tag, sich regelrecht aufbewahrt für Onan, wollte nicht müde sein, wenn er kam.
Er ließ sie müde werden. Er kam spät. Lange mußte Tamar warten. Immer wieder schickte sie mich, um nachzusehen, ob er sich endlich aufmachte. Als ich ihn dann sah, begriff ich sofort, daß er auch heute nicht gern kam. Onan, der nach Ger Geborene, der überhaupt keine Lust dazu hatte, für die Rechte seines Bruders einzustehen. Schon als der noch lebte, waren die zwei einander immer in die Quere gekommen. Warum sollte Onan jetzt, nach seines Bruders Tod, noch dessen Haus bestellen? Onan, dachte ich, du bist feige. Du wahrst den Schein und scheust die Auflehnung gegen deinen Vater. Aber warte, dachte ich, warte, Onan. Hören und Sehen werden dir vergehen. Deinen Kopf wirst du verlieren.
Tatsächlich – als Onan Tamar traf, verschlug es ihm den Atem. So wie ihr Name ist, Tamar, Dattelpalme, so stand sie vor ihm, war der Liebesgöttin, von der die Kanaanäer wissen, eine wirklich gehorsame Magd. Bereit war Tamar, wie ich es noch nie an ihr gesehen hatte, bereit, Leben zu empfangen und Leben zu geben.
Es durchfuhr Onan wie ein Sturm, all sein Mißmut war im Nu verflogen. Charmant wurde Onan, näherte sich langsam der Witwe seines Bruders. Und die wehrte ihn ab – ein bißchen, so viel nur, daß sein Verlangen wuchs. Ihr Spiel begann, und ich zog mich zurück. Ich hörte sie bald miteinander lachen, hörte auch, wie beide wohl alles vergaßen, was unser Leben schwer macht.

Sie hat es geschafft, dachte ich. Die kluge und schöne Tamar hat gesiegt. Ich war erleichtert, denn ich diente lieber bei einer geachteten Frau im Hause Judas, als Zeugin der Trostlosigkeit einer Witwe ohne Kinder zu werden.
Im Morgengrauen stahl Onan sich von Tamars Lager. Sofort danach war ich bei ihr. Ich fand sie weinend. Onan hatte seiner Lust gefrönt, die Beherrschung über sich selbst aber hatte er nicht verloren. Was Tamar und Ger hatte Nachkommen sichern sollen, lag nutzlos vor Tamar auf dem Boden.
Gemeinsam beseitigten wir die Spuren dieser Nacht des Betrugs. Tamar verschwand dann, holte sich wohl zu Hause Rat oder suchte Trost vor dem Altar ihrer Himmelskönigin. Zeitlebens hat sie sich erst einmal unsichtbar gemacht, wenn es schwierig wurde für sie, ist still ihre eigenen Wege gegangen, bevor sie sich wieder fügen konnte ins tägliche Allerlei.
Jedenfalls mußte ich auch an jenem Morgen nach ihr suchen und rufen. Onan nämlich war gestolpert, auch er war so unglücklich gefallen, daß ihm nicht mehr zu helfen gewesen war. Tamar lachte, als sie davon hörte. Aber sie lachte nur kurz und nur ein Mal. Dann wurde ihr Gesicht ernst und starr. »Was sagen die Leute?« fragte sie mich. »Was wird geredet über diesen Tod?« Ich war verblüfft über diese Frage, verstand ihren Sinn nicht. Aber ich begriff bald: Natürlich – zweimal starb derjenige, der ihr ein Kind verschaffen sollte. Zweimal starb jemand auf die gleiche Weise. Wer konnte das für Zufall halten?
Selbst in den Augen Judas stieß ich auf Mißtrauen, als er zu Tamar kam, um ihre Angelegenheiten zu ordnen. Der, dessen Blick einst so selbstvergessen auf ihr geruht hatte,

trat jetzt mit finsterer Miene in ihre Räume. Er teilte ihr kurz mit, sie solle sein Haus verlassen, solle in das Haus ihres Vaters zurückkehren. Zu gegebener Zeit, wenn sein dritter und letzter Sohn, Schela, erwachsen geworden sei, wolle man ihr Nachricht geben und dafür sorgen, daß sie erhielte, worauf sie Anspruch habe. Ich, so entschied Juda, solle mit Tamar ziehen. Tamar nickte und befolgte den Befehl Judas. Während wir ihre Habe zusammenpackten, erkundigte sie sich nach dem Alter des Schela. Die Wartezeit, die auf sie zukam, schien ihr wohl annehmbar. Jedenfalls nahm sie meine Auskünfte ohne Schrecken hin. Ich weiß nicht, warum ich Tamar mitgegeben wurde. Niemand gab mir den Auftrag, ihren Lebenswandel zu überwachen. Deswegen also wurde ich nicht aus dem Haus des Juda geschickt. Vielleicht wollte Juda mit mir ein Zeichen der Großzügigkeit setzen, mag sein, daß Juda schon damals ein schlechtes Gewissen hatte wegen des Verdachts, den er gegen Tamar hegte.

Ich wurde dann einfach vergessen im Hause Juda. Tamar auch. Die Jahre schlichen dahin. Tamar richtete sich aufs Warten ein. Ihre Schwestern und Schwägerinnen präsentierten ihr bei jeder Gelegenheit ihre dicken Bäuche und die Sprößlinge, die an ihren Brüsten lagen – nicht verlegen oder teilnahmsvoll der wartenden Tamar gegenüber. Sie machten lieber spitze Bemerkungen über Tamars notgedrungene Unfruchtbarkeit. Neben dem Spott und der Verachtung hatte Tamar anfangs auch noch die Eifersucht der anderen Frauen auszuhalten. Denn die fürchteten Tamars Schönheit und zählten jeden Männerblick, der sich von Tamar nicht lösen konnte.

Allerdings – die Frauen sorgten auch dafür, daß der Argwohn um Tamar wuchs. Man begann zu tuscheln. Auch im Hause ihres Vaters. Zwei Männer hatte die

Verbindung mit Tamar das Leben gekostet – das vergaß man nicht. Das prägte sich ein. Das machte vorsichtig. Man mied Tamar.
Sie spürte das. Sie versteckte sich regelrecht in ihren Witwenkleidern, zog sie eng um sich und ließ nur ihre Augen schweifen. Die wurden immer größer. Tamar magerte ab, aß immer weniger, saß teilnahmslos herum, war immer müde. Das war eine Zeit, da hatte ich Angst um ihr Leben. Ich mußte mehr und mehr von ihren Aufgaben im Haus übernehmen, mußte sie auch noch schützen vor den Nörgeleien ihrer Mutter. Die war unzufrieden mit der Tochter, die kinderlos ihr Leben verstreichen lassen mußte, eine Schande für die ganze Sippe.
Tamar war nicht zu erreichen in jener Zeit. Immer weniger suchte sie das Gespräch mit den Geschwistern oder ihren Gefährten von früher. Sie begann wieder, sich in der Nähe der heiligen Stätten herumzutreiben, kam oft ziemlich verwirrt von dort zurück, redete aber mit niemand über das, was sie erlebt hatte. Diese einsamen Gänge, so rätselhaft sie auch waren, brachten schließlich doch so etwas wie eine Besserung. Vor allem in jenem Jahr, als Schela erwachsen wurde, glaubte ich eine Veränderung bei Tamar feststellen zu können. Tamar begann mich nach Juda auszufragen und nach Jakob, seinem Vater. Sie schickte mich mehrfach zu den Meinen und wartete gespannt auf die Nachrichten, die ich von dort zurückbrachte. Aber ich hatte keine Nachricht zu bringen. Man erzählte sich, daß Schela ein Auge für schöne Mädchen habe. Aber von Schela und Tamar gab es nichts zu erzählen.
Ich weiß nicht, wie lange Tamar gutgläubig blieb und sich bereithielt für Schela. Eines Tages aber gab sie die

Hoffnung auf, und es begann erneut die Zeit des Zerfalls. Diesmal schien Tamar es mit Fleiß darauf abgesehen zu haben, dem Leben doch noch zu entreißen, was es ihr bieten konnte. Eines Abends fand ich sie im Speisehaus, gierig Brot in einen Honigtopf tunkend und kauend. Tamar aß jetzt, was sie an Gutem finden konnte. Ansonsten machte sie sich nicht mehr viel Mühe, kümmerte sich weder um ihren Körper noch um ihre Kleidung. Ich glaube, manchmal hat sie sogar gestunken in jenen Monaten – diese Tamar, die nichts mehr hatte von einer schlanken und biegsamen Dattelpalme. Sie redete viel in jener Zeit, lauter Sätze, die man sofort vergessen konnte. Sie arbeitete auch mehr, packte richtig zu. Aber mich freute das alles nicht. Ich verlor Tamar damals wirklich – so wie ich sie in der Zeit ihrer größten Verschlossenheit nie verloren hatte. Ich diente ihr auch nicht mehr gern. Ich muß das zugeben. Sie hatte den Glanz verloren, der es mir in den Jahren vorher so leicht gemacht hatte, ihr beizustehen.

Damals sah es so aus, als hätte Tamar sich mit ihrem Schicksal abgefunden. Sie war gut zu haben – in jenem Jahr, eine folgsame Gehilfin in der Familie ihres Vaters. Mir aber kam es so vor, als wäre sie gestorben, meine Tamar, die Dattelpalme, die, die zur Liebesgöttin gehört. Dann heiratete eine Nichte der Tamar. Ich erinnere mich nicht mehr an den Namen dieses Mädchens. Ich weiß nur, daß sie sich spreizte wie ein Pfau während der Brautzeit. Besonders gern schien sie vor Tamar ihre Schönheit zu zeigen, ließ sich von ihr in ihrem Hochzeitskleid bewundern. Von Tamar, die nichts anderes tragen durfte als ihr Witwenkleid. Tamars Augen blieben nicht stumpf, als ihre kleine Nichte sich vor ihr drehte, so daß die Edelsteine um ihren Hals nur so sprühten. In

Tamars Augen blitzte da plötzlich etwas auf, von dem ich geglaubt hatte, daß es schon längst erstorben war. Das war ein erstes Aufflackern damals, als Tamars Nichte heiratete.
Kurz danach starb Judas Frau. Der Beerdigungszug mußte an unserem Haus vorüber. Wir sahen auch Juda vorbeiziehen, Tamar und ich. Grau war Juda geworden, aber nach wie vor ansehnlich. Kein Mann, der das Leben schon hinter sich hatte. Noch immer ähnelte er einem Löwen, gierig darauf, sich seinen Platz zu erobern, und bereit, jeden in die Flucht zu schlagen, der ihm diesen Platz streitig machte.
Tamar hatte Juda gesehen, und am Abend dieses Tages begann Tamar zu singen. Sie ging dann wieder häufiger zu ihren heiligen Stätten, die sie in den Monaten davor aufgegeben zu haben schien. Sie brauchte morgens länger für sich und erkundigte sich irgendwann auch bei mir, ob es im Hause noch genügend von den Ölen und Salben gab, die man für die Hochzeit ihrer eitlen Nichte gebraucht hatte.
Sie schickte mich einkaufen, was aufgebraucht war, sandte mich auch in das Haus des Juda, um unter den Meinen Erkundigungen über dessen Gewohnheiten einzuziehen.
Meine schöne Tamar, meine Dattelpalme, die treue Magd ihrer Göttin, sie erwachte wieder unter ihren Witwenkleidern. Eines Morgens hielt Tamar mich an ihrem Lager fest, und sie schlug die Decke zurück, die sie warm hielt. »Sieh mich an«, sagte sie, »bin ich eine alte Frau?« Tamar war so schön, daß ich erschrak. Noch immer waren ihre Brüste wie zwei Zicklein, und ihr Leib war wieder wohlgeformt wie ein Weizenhaufen. »Ich bin schön«, sagte Tamar, »das sehe ich in deinen Augen. Und

ich will mein Leben nicht vertun. Das habe ich nicht verdient. Ich werde nicht ohne Frucht dahinwelken. Ich bin die Verachtung, bin den Spott in diesem Haus so grenzenlos leid. Ich sehe auch nicht ein, warum ich Argwohn ertragen soll. Denn nicht den Tod trage ich bei mir, sondern das Leben.« Das sagte Tamar, und sie sagte das so, daß kein Zweifel an ihren Worten aufkam.
Sie erzählte mir dann von einem Plan und bat mich um Hilfe. Sie wollte Juda in der Nähe als Geweihte der Himmelskönigin auflauern, wollte ihn verzaubern, um ihre Gunst sollte er regelrecht betteln, sagte Tamar. Sein Bestes sollte er ihr geben, versprach sie sich. Ein Kind wollte sie von ihm und ein Zeichen, damit sie die Herkunft des Kindes beweisen könne. Ich sollte ihr die Kleider der Frau besorgen, bei der Juda es sich getrauen würde, um ihre Gunst zu werben. Würde Tamar das selbst tun, so fiele das auf, und ihr Plan würde scheitern, bevor er begonnen hätte. Auch solle ich auskundschaften, wann genau Juda sich zur Schafschur aufmachen würde und bei Beajim, also ganz in der Nähe von Tamars Vaterhaus, vorbeikommen würde.
Tamar überzeugte mich. Ich war begeistert von ihrem Plan. Im Laufe des Tages aber wurde ich ängstlich. Was würde sein, wenn Juda Tamar erkannte? Wie würde er reagieren, dieser Löwe von einem Mann? Würde er Tamar nicht in Stücke reißen, blind vor Wut darüber, daß man versucht hatte, ihn hinters Licht zu führen? Zu zwingen zu einer Verbindung, die streng verboten war nach unseren heiligen Gesetzen – zum Beischlaf nämlich mit der Schwiegertochter? Ich wollte Tamar schon warnen, wollte ihr meine Hilfe verweigern, aber dann sah ich in ihren Augen wieder den Glanz der ersten Jahre. Und ich begriff: Sollten ihre Augen nicht für immer erlöschen,

dann mußte sie sich jetzt auf den Weg durch die Gefahr machen. Sie mußte es riskieren, vorzeitig als Hure entdeckt zu werden, mußte ihre Ehre, ihr Leben aufs Spiel setzen, einen anderen Weg zurück zu einem ehrenhaften Platz im Leben gab es nicht.
Als ich das begriffen hatte, sicherte ich Tamar ein zweites Mal meine Unterstützung zu. Sie sollte sich auf mich verlassen können. Wir würden Verschwörerinnen, Tamar und ich. Wir ließen uns beide nicht ins Abseits drängen, ließen es einfach nicht zu, daß das Recht der Witwe auf ein Kind durch fadenscheinige Versprechungen und Unterstellungen geschändet würde. Wir zwei, meine Herrin und ich, wir brachen auf, um wieder ins Gleichgewicht zu bringen, was die Männer aus dem Tritt hatten kommen lassen.
Die Magd aus Tamars Vaterhaus, die ich fragte, wo ich die Gewänder von einer bekommen könnte, die um einen Ziegenbock den Männern zu Diensten war, lachte. Ich bräuchte die Kleider für eine Freundin, versicherte ich. Aber die Magd lachte noch mehr. Für eine Freundin, wiederholte sie, augenzwinkernd. Und klopfte mir dann auch noch auf die Schulter. Bereitwillig nannte sie mir dann eine Adresse. Sie habe ja Verständnis dafür, fügte sie hinzu, daß auch ich das Leben ganz leben wolle und der Himmelsgöttin meinen Tribut entrichten wolle.
Ich hörte mir das an, staunend, denn die Kanaanäerin meinte es ja wirklich ernst und gut mit mir. Für sie würde ich nicht zur Hure werden, sondern eine Geweihte, eine, die zur heiligen Stätte gehörte. Diese Vorstellung machte, so fiel mir ein, wohl auch Tamar ihren Weg noch leichter. Was Tamar vorhatte, das hatten wahrscheinlich schon viele (jedoch unverheiratete) Frauen in ihrer Sippe getan. Unehrenhaftes hatte niemand darin gesehen.

Allerdings war Tamar nicht frei, ausgemacht war, daß sie dem Ger ein Kind austragen sollte. Was Tamar plante, das war Hurerei, wenn schon nicht in den Augen der Ihren, so doch auf jeden Fall in unseren Augen, die wir nicht auf die Liebesgöttin, sondern auf den Schutz Jahwes bauten. Dennoch: wie ich die Dinge auch drehte und wendete – ohne Risiko hatte Tamar keine Chance. Und weil das so war, beschaffte ich ihr die Gewänder und horchte die Meinen aus im Hause Judas.

Dann erfuhr ich, es war soweit. Juda würde zur Schafschur aufbrechen. Tamar schien erleichtert, als ich ihr mitteilte, daß es losgehen sollte. Die Unruhe, die sie in den letzten Tagen wieder und wieder aus dem Haus getrieben hatte, zu den heiligen Stätten, vermute ich, oder zu den weisen Frauen ihres Volkes, ich weiß es nicht, diese Unruhe fiel von Tamar ab. Sie zeigte keine Angst, als ihr Plan Wirklichkeit zu werden begann.

Noch einmal badete ich Tamar, salbte ihren Leib, half ihr, die Gewänder anzulegen, den Mantel, der ihr Gesicht bedecken sollte, damit niemand sie erkennen würde. Ich kämmte ihr die Haare, bis sie glänzten, und schminkte ihr die Augen. Wir ließen uns Zeit für die Vorbereitung. Geredet haben wir wenig. Tamar wirkte so sicher, daß sich sogar in mir die letzten Zweifel auflösten, die sich doch immer wieder eingeschlichen hatten. Tamars Weg führte nicht vorbei an dem, was in den Augen meines Volkes Hurerei war. Einen anderen Weg gab es nicht für sie.

Schön war Tamar, war ganz und gar wieder die Dattelpalme, als sie ihr Vaterhaus verließ. Ich sah ihr lange nach, sah noch, wie sie sich immer wieder aufrichtete und schließlich kerzengerade ihrem Ziel entgegenschritt.

Spät, spät in der Nacht kam sie wieder. Sie hatte Tränen in den Augen und umarmte mich, mich, ihre Magd. Glücklich war Tamar, selig dies eine Mal.
»Setz dich«, sagte sie, »setz dich. Dir will ich erzählen. Erzählen, was ich erzählen kann und will.« Juda habe gleich erkannt, was sie geben könnte, fuhr Tamar fort. Aber weder ihre Augen noch ihre Stimme hätten sie verraten. ›Vielleicht wollte er nicht wissen, wen er vor sich hatte‹, dachte ich, schwieg aber. Sie hätten zuerst über den Preis verhandelt. Einen Ziegenbock habe er ihr versprochen, was ja das übliche Entgelt sei für eine Nacht. Er habe aber keinen Bock bei sich gehabt. Leiser Triumph kam in Tamars Stimme, als sie dies als ein Zeichen dafür wertete, daß er nicht vorgehabt hatte, wozu sie ihn hingerissen hatte.
»Du, du, Tamar, du hast ihn angezogen – selbst noch als Verhüllte«, sagte ich meiner Herrin. Die nickte, wirkte plötzlich ein bißchen bitter, als sie mir antwortete: »Ja, die Männer aus dem Hause Juda, die sehen nur auf Gott, ihren Herrn. Von der Göttin der Frauen meines Volkes halten sie nichts. Aber wenn ihnen eine über den Weg läuft, die zur Liebesgöttin gehört, dann verschmähen sie die auch nicht.«
Wir wurden darauf beide eine Weile still. Dann begann Tamar erneut, und ihre Stimme hatte dabei wieder diesen warmen Unterton, der sie an jenem Abend begleitete, und den ich so deutlich nie wieder bei ihr gehört habe.
»Ich habe mich auf seinen Preis eingelassen, natürlich. Und weil er mich nicht gleich bezahlen konnte, habe ich ihn um ein Pfand gebeten«, berichtete Tamar. Seinen Stab habe sie gefordert, seinen Siegelring und die Schnur. So viel habe sie verlangt, sagte Tamar, weil sie es den Augen des Mannes angesehen habe, daß er ihr geben würde, was

sie wollte. Alle seine Hoheitszeichen habe er dann in ihre Hand gegeben, der Herr des Hauses Juda. »Er hat sich dir ausgeliefert«, sagte ich.
»Ja, er hat mir alles gegeben«, wiederholte Tamar und ganz gedankenverloren fügte sie hinzu: »Der Löwe von Juda, er ist anders als seine Söhne.« Darauf schwieg sie und schickte mich dann bald weg. Sie wollte allein sein.
Wir warteten. Unruhe schlich sich wieder ein – bis das Blut ausblieb. Das war ein Tag großen Glücks und großen Jubels. Tamar und ich, wir umarmten uns, als wir sicher waren, wir tanzten um ihr Lager. Nichts war umsonst gewesen, ein Kind würde wachsen. Unser Leben kam aus dem Schatten heraus.
Irgendwann in jener Zeit hörten wir dann, daß Juda seinen Freund Hira mit einem Ziegenbock in die Stadt geschickt hatte, um seine Schuld zu bezahlen, um seine Pfänder auszulösen. Natürlich mußte Hira unverrichteter Dinge zu Juda zurückkehren, was uns beiden gefiel, Tamar und mir. Juda habe (so erfuhr ich von den Meinen) mit Gleichmut auf die Auskunft des Freundes reagiert. Wichtig sei ihm gewesen, daß alle Welt wußte, er habe niemanden betrügen wollen. Um seinen Ring, seinen Stab und seine Schnur habe er sich nicht gesorgt. Ich fand das eigenartig. Aber das habe ich damals für mich behalten.
Als es dann endlich sichtbar wurde, daß Tamar schwanger war, bin ich zu den Meinen in das Haus des Juda gegangen und habe dort einer Base (natürlich unter dem Siegel der Verschwiegenheit) erzählt, daß ich meine Herrin bei der Hurerei ertappt hätte. Und daß sich jetzt herausgestellt habe, daß sie davon schwanger geworden sei. Ich hätte das der klugen Tamar gar nicht zugetraut, daß sie so wenig aufpaßt. Aber irgendwann fällt jede

herein, so habe ich mir das Maul zerrissen, als ich bei den Meinen Tamars Geschichte in Umlauf brachte.
Natürlich wurde die Geschichte schnell Juda erzählt. Der war aufgebracht. War doch sein Haus, sein Sohn entehrt durch das schändliche Verhalten von Tamar. Ehebrecherisch war das, denn noch hatte niemand laut und deutlich widerrufen, daß Tamar dem Haus Juda einen Erben verschaffen sollte.
Juda befahl, Tamar aus dem Haus ihres Vaters zu holen und sie vor den Toren der Stadt zu verbrennen. Da war niemand, der Tamar schützte oder schützen konnte. Was Juda anordnete, war durch unsere Gesetze abgesichert, und Juda, der Herr seines Hauses, hatte die Macht und das Recht anzuordnen, was rechtmäßig war. Tamar hatte kein Recht über sich, und auch ihr Vater hatte längst alle Rechte über sie verloren. Dennoch waren wir alle im Hause von Tamars Vater bestürzt, denn hart war das Recht, das Juda an Tamar vollstrecken lassen wollte. Ungewöhnlich hart, härter als alles, was wir erlebt hatten. Ich selbst erinnere mich nur an Steinigungen ehebrecherischer Frauen. Daß sie auf den Scheiterhaufen mußten, davon hatte ich nur erzählen hören. Aber schon sehr lange hatte man aufgehört, von der Strafe durch Verbrennung Gebrauch zu machen. Ich begriff nicht, was in den Herrn des Hauses, zu dem ich gehörte, gefahren war. Als ehrenhaft hatte ich ihn bisher erlebt. Nur gab es immer dieses ›Zuviel von allem‹: drei Pfänder, wo eins genug gewesen wäre, und jetzt genügte nicht die Steinigung. Nein, der Tod durch das Feuer mußte es sein, daß nichts übrig bliebe von Tamar außer Asche, und die würde der Wind zerstreuen.
Was war los mit Juda? Wollte er sich mit aller Gewalt als unangefochten darstellen und fern von aller Beteiligung

an dem, was Tamar getan hatte? Trieb ihn doch ein geheimes Wissen um seinen Anteil an Tamars Schicksal in diese entsetzliche, diese unbegreifliche Strenge? Wir alle waren aufgebracht, als Judas Schergen das Vaterhaus der Tamar betraten. Tamar aber ließ sich widerstandslos abführen. Sie hatte wohl schon lange auf Judas Männer gewartet. Sie hatte sich die Pfänder schon bereitgelegt, ja bereits unter ihrem Witwenkleid versteckt, als man sie holte. Schon auf dem Weg zum Scheiterhaufen war meine Tamar wieder ganz die Herrin. Sie war keine Ausgestoßene mehr. Sie war bereits zu diesem Zeitpunkt eine Fürstin. Irgendwann auf dem Weg aus der Stadt (so hat man mir erzählt) hielt sie inne, wandte sich an den Befehlshaber ihrer Bewacher und übergab ihnen vor den Augen der Neugierigen, die auf ihre Hinrichtung warteten, den Ring, die Schnur und den Stab des Juda. »Dies«, sagte sie, »sind die Abzeichen des Mannes, von dem ich schwanger bin. Fragt Euern Herrn, ob er den kennt, der mir dies überlassen hat.«

Klug war Tamar. Niemanden stellte sie bloß, niemanden bezichtigte sie. Sie ließ die Dinge für sich sprechen.

Juda sah, was man ihm brachte. Und Juda gab zu, was er sich nie eingestanden, nicht zugestanden hatte. Juda bekannte sich zu seiner Schuld. Groß war Juda in diesem Augenblick, war der starken Tamar ebenbürtig, als er nicht leugnete, daß er es gewesen war, der Tamar einst seinen Sohn und Nachkommen vorenthalten hatte, daß er es gewesen war, der rechtsbrüchig geworden war. In aller Öffentlichkeit stand Juda dazu, daß er es gewesen war, der Tamar auf den Weg getrieben hatte, auf dem sie ins Zwielicht geraten war. Und er gab zu, daß es Tamar gewesen war, die dafür Sorge getragen hatte, daß der Name seines Sohnes Ger nicht im Spott unterging.

Tamar wurde heimgeholt in das Haus, zu dem das Leben in ihrem Bauch gehörte. Sie füllte ihren Platz ganz aus, geehrter denn je. Ohne Hochmut allerdings. Möglich war ihr das vielleicht, weil sie nicht mit Bitterkeit an das zurückdenken mußte, was zwischen ihr und Juda geschehen war. Das war etwas Einmaliges gewesen und es wurde nicht wiederholt. Etwas Zauberhaftes war daran gewesen. Und zauberhaft sollte es bleiben.
Tamar hat Zwillinge zur Welt gebracht. Erwähnenswert an der Geburt ist nur, daß Serach, der Zweitgeborene, seine Hand zuerst herausgestreckt hatte. Die Hebamme hatte sie schon mit einem Faden gekennzeichnet, um ihm sein Erstgeburtsrecht zu sichern. Aber dann ist es doch Perez gewesen, den es zuerst herausriß.
Zwei Söhne hatte Tamar. Zwei Söhne hat sie dem Volk Jahwes geschenkt. Ihm hat sie diese beiden Kinder auch überlassen. Zu Kindern der Himmelskönigin hat sie sie nicht zu machen versucht. Denn Tamar hielt sich an das, was das Recht ist. Und das Recht war, daß die Zwillinge zum Haus Juda gehörten.
Seit damals, seit der Empörung über Tamar und dem Erstaunen über sie munkelt niemand mehr, daß sie eine Frau sei, die das Verhängnis über die Männer bringt. Niemand erlaubt sich mehr Spott und Verachtung ihr gegenüber. Voller Anerkennung erzählt man sich ihre Geschichte. Und das genießt sie.
Ich fand die Geschichten über meine Herrin lange zu einseitig. Zu einer Heldin wurde sie, aber von ihrer Verzweiflung, von all ihrem Absinken ins Elend wurde nicht geredet. Irgendwann bin ich dann doch damit einverstanden gewesen. Ich habe viele in Traurigkeit untergehen, an den Zumutungen zerbrechen sehen. So viele, daß das nichts Besonderes ist. Nichts, wovon zu

erzählen sich lohnt. Das Nicht-Aufgeben aber, das Sich-Aufraffen, das kommt nicht alle Tage vor. Davon lohnt es sich zu erzählen. Und darum lohnt es sich, von Tamar zu erzählen. Die aufbrach, durch die Gefahr hindurch, und in das Leben hinein.

Allerdings – was sie durchgemacht hat, hat Spuren hinterlassen. Tamar ist im Hause Juda eine kluge und gerechte Herrin geworden. Aber sie ließ sich nicht mehr zu sehr mit den Menschen ein. Zu eindrücklich war ihr wohl, wie wankelmütig Menschen sein können. Ungerecht jedoch war Tamar bei aller Zurückhaltung nie. Immer war mir, als hielte sie der Mantel der Liebe, der sie bei ihrem Aufbruch begleitet hatte, all die Jahre über warm.

Wir sind alt geworden, meine Herrin und ich. Und heute, heute stirbt Tamar. Ich werde jetzt gehen, um sie ein letztes Mal für einen Gang ins Ungewisse vorzubereiten.

E. G.

Rut – Aufbruch zwischen Angst und Vertrauen

(Buch Rut)

Boas, Ruts Mann, erzählt:

Rut bekommt ein Kind. Ihr Kind, das eigentlich das unsere ist. Ich freue mich auf dieses Kind, und es tut mir nicht weh, daß es meinen Namen nicht weitertragen soll. Boas heiße ich, der Starke. Und daß ich diesen Namen zu Recht trage, habe ich oft genug unter Beweis gestellt. Ich bin auch jetzt stark und kann dafür sorgen, daß mein Name mit dem Kind verbunden bleibt, das Rut dem Haus Elimelechs schenkt, auf daß dessen Geschlecht nicht von der Erde verschwinde. Nicht verschwinde wie ein Gerstenhalm, den der Wind zu Boden drückt, bevor er Früchte ansetzen kann.

Aufregung ist im Haus. Die Frauen laufen durcheinander und flüstern. Aber sie sind nicht besorgt. Die Geburt scheint gut zu gehen, Gefahr scheint nicht in Verzug. Jetzt sehe ich Noomi kommen. Meine Mägde haben sie gerufen. »Noomi, Rut, deine Schwiegertochter, die dich geliebt hat und die dir mehr wert ist als sieben Söhne, bringt deinen Enkel zur Welt. Noomi, komm und steh deiner Schwiegertochter bei.«

Sie hat keine Augen für mich. Sie grüßt nicht einmal, die alte, gewitzte Noomi. Sie läuft ihrem Glück entgegen, der Aufgabe, die sie endgültig aus ihrem Abseits herausreißen wird, aus den langen Jahren der Bitternis. Ach, lauf, Noomi, lauf nur. Wenn du jetzt nicht nach rechts und links siehst, wer will dir das verdenken?

Ich weiß noch, wie sie wegzog. Damals war ich noch jung, kaum heiratsfähig. Lieblich war Noomi damals – so, wie ihr Name sagt. Kein Vorwurf stand in ihrem Gesicht, als sie, zwei Söhne an der Hand, mit Elimelech, ihrem Mann, das Haus verließ, in dem es für sie kein Auskommen mehr gab. Der Regen war in jenen Jahren nie ausreichend gewesen, war dann aber ganz ausgeblieben. Teuer war das Leben geworden, zu teuer für Elimelech, der nur wenige eigene Felder besaß. Für uns waren das auch schwierige Zeiten. Wir mußten Knechte wegschicken, uns einschränken. Und das ging, denn von einer stattlichen Anzahl Felder bekommt man, auch wenn der Ertrag gering ist, doch immer noch mehr als von wenigen Feldern.

Wir konnten bleiben. Elimelech und seine Familie mußte ziehen. Insgeheim bewunderte ich damals den Mut und Stolz dieses Mannes. Der wählte nicht den Weg in die Schuldknechtschaft, den manch anderer suchte, um das Vertraute nicht verlassen zu müssen. Elimelech gab sich nicht geschlagen. Auf seinem und auch auf Noomis Gesicht stand Zuversicht – daran erinnere ich mich noch. Sie waren wohl beide froh, die Zeit der Ungewißheit und der Unentschlossenheit hinter sich zu haben und von vorne anfangen zu können. Auch wenn das schwer würde. Wir glaubten dann viele Jahre tatsächlich, der Neubeginn in Moab, wohin Elimelech die Seinen geführt hatte, sei gelungen. Neidisch hörte ich manchmal Frauen seufzen und an Noomi erinnern, die ihr Glück gemacht hatte – fern aller Hungersnöte, weil sie eben einen tatkräftigen Mann hatte. So konnten Frauen reden. Und die Männer gerieten dann in Zorn. Ich sah sie aufbrausen oder die Zähne zusammenbeißen und gehen. Je nach Temperament.

Die Felder, die Elimelech zurückgelassen hatte, lagen herrenlos und brach; und das Haus, in dem Noomi ihm die beiden Söhne Machlon und Kiljon geboren hatte, verfiel.
Eines Tages aber war es wieder bewohnt. Es hieß, Noomi sei zurückgekehrt. Der Mann sei ihr in Moab gestorben, und auch die beiden Söhne hätte eine Krankheit dahingerafft. Ein Auskommen habe es für Noomi in der Fremde nicht gegeben. An den Ort, von dem sie einst hoffnungsfroh losgezogen sei, habe sie zurückkehren müssen. Immer noch nicht besser, ja schlechter gestellt als in den Tagen ihres Auszugs. Stumpf sei ihr Haar geworden, leer ihre Augen und dünn ihre Lippen. Nur noch ein Schatten ihrer selbst – das sei die Noomi, die aus Moab zurückgekehrt sei. So hörte ich die Frauen reden, die nie hatten fortmüssen und denen es gut ging. Jetzt ging es ihnen gut, jetzt, nachdem die Teuerung lange hinter uns liegt. Diese Frauen hatten Glück gehabt und das spürten sie, wenn sie Noomi sahen.
Noomi war, das hörte ich auch, doch nicht gänzlich verlassen wiedergekommen. Bei ihr war eine junge Frau, eine Moabiterin. Rut sei ihr Name, ›Freundin‹ also, und als solche hätte sie sich für Noomi auch erwiesen.
Diese Frau sei eine der beiden Schwiegertöchter, die die Söhne des Elimelech und der Noomi bei den Moabitern gefunden hatten. Als diese beiden jungen Frauen dann zu Witwen geworden waren, und Noomi, selbst schon seit Jahren ohne Mann, auch noch ihre beiden Söhne verloren hatte, da hatte Noomi nichts mehr im Lande der Moabiter gehalten. Dem Land, in dem sie so viele Tränen geweint hatte, wollte sie den Rücken kehren und sich dahin wenden, wo sie auf die Welt gekommen war. Dort wollte sie auf das Ende ihrer Tage warten.

Noomi teilte ihren Schwiegertöchtern mit, wozu sie sich entschlossen hatte. Und sie fügte hinzu, daß sie die beiden jungen Frauen nicht in ihr düsteres Schicksal mit hineinziehen wollte. Ausdrücklich, so hörte ich, habe sie Rut und Orpa, ihre beiden Schwiegertöchter also, aus allen Verpflichtungen ihrem Haus gegenüber entlassen. Sie habe sie zurückgeschickt in die Häuser ihrer Mütter, ihnen Glück gewünscht für ihre Zukunft und möglicherweise eine neue Ehe.
Eine, Orpa nämlich, habe sich auch zurückschicken lassen. Die andere aber, Rut, die sei ihr nicht von der Seite gewichen. Die sei ihr eben wirklich eine Freundin gewesen. »Wo du hingehst, da will auch ich hingehen«, habe sie zu Noomi gesagt, und: »Dein Volk ist mein Volk, dein Gott ist mein Gott.« So habe Rut gesprochen, die doch fast noch ein Mädchen war und schon Witwe und nun auch in der Fremde wohnte, in einer Stadt, die nicht die ihre war.
Das alles hörte ich von den Männern am Tor. Und sie erzählten sich das, weil Ruts Augen rascher hin- und herliefen als die Augen der Frauen, die um uns waren. Auch liegt um Rut so etwas wie ein zauberhafter Reiz, dunkel und nicht zu ergründen. Das weiß ich heute. Damals aber vermutete ich nur, daß es auch ihre Schönheit war, die die Männer auf Rut aufmerksam werden ließ. Vor allem die jungen Männer brachten immer wieder das Gespräch auf sie. Vielleicht glaubten sie, sie hätten bei ihr ein leichtes Spiel. Die hielten sie für eine, die ihnen irgendwann in die Hände fallen würde wie eine reife Frucht. Wenn sie nur lange genug allein wäre, eine, die ohne Halt leben mußte, ohne jemanden, der auf sie achtgab. Eine, die vor allem ohne Brot war. Bei ihr, bei dieser Fremden, würden sie es

schon probieren können, so deuteten sie an, die jungen Männer am Tor.
Mir ging Rut nicht aus dem Kopf. Ich gebe das zu. Das lag bestimmt nicht daran, daß die Familie des Elimelech entfernt zu meiner Sippe gehörte. Nein, verantwortlich war ich nicht für Noomi und die Frau ihres Sohnes. Da hätte es andere gegeben, die sich kümmern konnten.
Ich dachte wohl auch kaum deshalb über Rut nach, weil ich mir Hoffnungen auf sie gemacht hätte. Die jungen Frauen, das hatte ich längst gemerkt, sahen nicht nach alten Männern wie mir. Und ich, ich hatte andere Sorgen als Frauen. Das lag hinter mir. Es war schön gewesen, mit einer Frau das Leben zu teilen, sich umsorgt zu wissen und ein Ohr zu haben, das offen ist für alles, über das man reden muß. Aber dieser Lebensabschnitt war vorbei. Jetzt trieb mich anderes um. Das Land, das sich von der Teuerung gut erholt hatte, sollte nicht schutzlos und unvorbereitet liegen, falls eine neue Knappheit kommen sollte. Ich setzte durch, daß wir Vorsorge trafen, und achtete darauf, daß die Rechte der Armen auch in der Not gesichert waren. Dem Wohl der Stadt Bethlehem galt mein ganzes Denken. Damals. Damals war das mein Leben. Ich hatte übrigens viel davon. Die Leute achteten mich und hörten auf mein Wort. Das spürte ich wohl und spürte es gern.
Aber zurück zu Rut, die mich doch auch beschäftigte, und zwar, weil sie so entschlossen reden konnte. Eine Frau mußte das sein, so dachte ich mir, die nach vorn sehen kann. Eine, die keine Angst hat. Nicht einmal vor unserem Gott. Der aber ist ein leidenschaftlicher Gott. Roß und Reiter kann er ins Meer stürzen in seinem Zorn (2. Mose 15,21). Und in seiner Liebe behütet er die Witwen und Waisen davor, daß sie bedrängt und

bedrückt werden (2. Mose 22,21). So ist er, unser Herr, der den Völkern um uns herum nur streng vorkommt und unerbittlich. Als ich hörte, wie Rut sich auf ihn verließ, da wurde ich stolz. Stolz auf den Gott Israels, bei dem eine Frau Zuflucht suchen konnte, wenn sie sonst niemanden hat, der sie beschützt.

Es war zur Zeit der Gerstenernte, als ich all dies hörte und mir meine Gedanken dazu machte. Ich wurde dann allerdings schnell wieder von anderen Dingen in Anspruch genommen. Wir hatten ein gutes Jahr gehabt, und reiche Ernte stand auf den Feldern. Es gab entsprechend zu tun, zu organisieren. Auch brauchten es meine Leute, daß ich für sie sichtbar war. Sie fügten sich den Vorarbeitern nicht, wenn sie nicht wußten, daß ich, Boas, der Starke, hinter diesen stand. Ich mußte deshalb immer wieder aufs Feld, mich zeigen und überprüfen, ob alles mit rechten Dingen zuging.

Als ich Rut zum ersten Mal draußen auf einem meiner Felder vor Bethlehem sah, war alles wie immer. Die Geringen der Stadt folgten wie gewohnt meinen Schnittern und lasen auf, was denen aus den Garben gefallen war. Ich verbot ihnen das nicht, denn es ist ein heiliges Gesetz in Israel, daß jene, denen sonst nichts geblieben ist, sich das nehmen können, was auf dem abgeernteten Feld liegengeblieben ist (3. Mose 19,9 und 10). Andere mögen es beugen, dieses Recht. Ich, Boas, aber beuge es nicht. Und das wissen auch die, die auf meinem Feld arbeiten. Darum lassen sie die Ährenleser gewähren und verjagen sie nicht.

An jenem Tag, ich glaube, die Gerstenernte neigte sich bereits dem Ende zu, fiel mir eine Fremde auf. Die war schlank und hochgewachsen und geschmeidig. Sie stand aufrecht, dehnte und streckte sich. Der Rücken mußte ihr schmerzen vom vielen Bücken. Allerdings hielt sie nicht lange inne. Ich sah ihre Augen bald wieder den Boden absuchen, ernst und auch ein bißchen gierig. Schnell holte sie sich, was sie erspäht hatte, ließ sich nichts entgehen. Diese Frau brauchte, was sie sammelte. Das war nicht zu übersehen.

Ich dachte mir bereits, daß es Rut sei, die mir aufgefallen war. Aber ich wollte mich vergewissern und fragte deshalb meinen Vorarbeiter, wer das Mädchen sei. Natürlich wußte der sofort, wen ich meinte, und er kannte auch ihren Namen: eben Rut. Sie sei am Morgen zu ihm gekommen, erzählte er mir, habe freundlich gegrüßt, sich vorgestellt und um das Recht gebeten, Ähren zu lesen auf diesem Feld. Ihr, so sagte der Erste meiner Knechte, habe er dies Recht gern gewährt. Ohnehin sei er ja angewiesen, die Armen sammeln zu lassen, wie es das Gesetz gebiete.

Ja wirklich, die Knechte räumten den schutzlosen Witwen mit Vergnügen das Recht der Ährenlese ein. Und mit noch größerem Vergnügen holten sie sich den Lohn von diesen Frauen. Dazu gab es draußen vor der Stadt reichlich Gelegenheit. Das wußte ich wohl, konnte es aber nicht immer verhindern. Jetzt aber war ich auf der Hut. Rut sollte niemand zu nahe treten. Das machte ich auch meinem Aufseher klar, damit er es den Schnittern weitersagte.

Ich aber ging zu Rut. Sie erschrak, als ich vor ihr stehenblieb. Und damit hatte ich fast gerechnet. Schließlich war ich der Herr des Landes, auf dem sie sich versorgen wollte. Ich sprach sie freundlich an, um ihr gleich die Angst zu nehmen. »Meine Tochter« nannte ich sie zum Zeichen dafür, daß sie mir vertrauen konnte. Ich sagte ihr, sie solle sich zu meinen Mägden halten, solle

nur da sammeln, wo die Frauen das Korn mähen und nicht da, wo die Männer sind. Und sie solle darauf achten, genügend zu trinken. Von allem, was aufs Feld gebracht würde, dürfe sie trinken. Denn sie sollte wissen, daß mir an ihrem Wohlergehen lag.
Rut blieb nicht stumm und scheu auf meine Rede hin. Großmäulig und vorlaut aber wurde sie wahrhaftig nicht. Im Gegenteil – sie warf sich vor mir auf die Erde. Mir tat das fast weh, dieses Bündel voller Demut vor mir liegen zu sehen. Aber sie tat nur, was sich gehörte für eine Ährenleserin, eine Fremde zumal, wenn einer wie ich sich als ihr Wohltäter erwies. Unterwürfig wurde sie im übrigen auch nicht in jenem Moment, in dem sie ihre ganze Abhängigkeit von mir wohl ungeheuer deutlich spürte. Sie zeigte sich dankbar und wußte zu würdigen, was ich ihr, einer Fremden, tat, und sie fragte mich nach meinen Gründen. Ob sie da doch ein bißchen mißtrauisch war, mich unrechter Gelüste auf sie verdächtigte, ich weiß es nicht. Ich habe sie nie gefragt. Jedenfalls beruhigte ich sie damals sofort. Ich streckte ihr die Hand entgegen, richtete sie auf und erzählte ihr, daß mich ihr Mut beeindruckte. Das Vertrauen zum Gott Israels, das sie an den Tag gelegt hatte, als sie unter dessen Flügeln Zuflucht suchte. Ihr Vertrauen sollte nicht enttäuscht werden. Es sollte belohnt werden. Das sagte ich ihr.
Erleichtert und dankbar sah Rut mich an. Sie sagte mir das mit einfachen Worten auch – ohne Übertreibung, aber doch so, daß man merkte, es kam von Herzen. Sie arbeitete dann weiter.
An jenem Tag blieb ich auf dem Feld, bis Essenszeit war. Ich ließ Rut zu unserer Mahlzeit rufen, sorgte selbst dafür, daß sie reichlich zu essen bekam. Ich gab ihr das Beste, was wir draußen hatten. Und sie aß so lange, bis sie

sogar ablehnen mußte. Sie wurde satt an jenem Tag und war zum Schluß schon fast fröhlich. Ich war auch heiter, und das blieb auch so, als ich nach Bethlehem zurückgekehrt war. Rut, das wußte ich, würde allein auf dem Feld zurechtkommen und reichlich Korn finden. Ich hatte nämlich die Mägde angewiesen, da, wo Rut las, mit Absicht Ähren zu Boden fallen zu lassen. Und die Männer hatte ich noch einmal ermahnt, Rut ihren Frieden zu lassen.

Für Rut muß es damals auch ein Glückstag gewesen sein. Jedenfalls erzählte sie mir das später so. Sie sei, so berichtete sie, mit ziemlichen Ängsten aufgebrochen am Morgen. Da sei die Angst gewesen, nicht genug heimzubringen, die Angst vor dem drohenden Hunger, die Angst auch, als Fremde überall weggejagt zu werden. Sie fürchtete, in Israel rechtlos zu sein, fürchtete, das Gebot, die Fremdlinge nicht zu bedrängen und zu bedrücken (da man ja selber nicht wisse, wie hart das Los des Fremdlings sei), gelte nur innerhalb der Grenzen unserer heiligen Bezirke und Zeiten (1. Mose 22,10), nicht aber in unserem Alltag. Auch habe sie Angst gehabt vor den Zudringlichkeiten der Knechte, fügte sie noch hinzu. All das kam stockend. Rut vertraut mir viel an, aber wenn sie vom Beginn jenes ersten Tages spricht, dann ist es, als erinnerte sie sich nicht gern daran. Sie sei auch wegen Noomi gegangen, weil die von all den Entbehrungen und Anstrengungen der letzten Monate sehr schwach geworden sei.

»Ich hatte einfach keine andere Wahl«, sagte Rut mir. Und dann zog ein spitzbübisch-glückliches Lächeln über ihr Gesicht. »Das war ja gut so, daß ich damals gegangen bin. Daß ich ausgerechnet dein Feld fand. Und daß du auch draußen warst an jenem Morgen. Das hat alles so wunderbar zusammengepaßt. Mein Morgen voll Angst

ist zu einem Abend voll Glück geworden.« Fast ein bißchen triumphierend, aber doch auch sich selbst verspottend ob der großen Worte, die sie gefunden hatte, sah Rut mich an.
Und dann erzählte sie mir von Noomi: »Noomi brachte an diesem Abend zuerst kein Wort heraus. Dann betete sie, mit ganz leisen Worten und kurzen Sätzen. Daran hab ich erst gemerkt, was Noomi alles ausgestanden hat. Als sie damit fertig war, erkundigte Noomi sich, wo ich denn gelesen hatte. Da dankte sie Gott noch einmal, weil er es gefügt hatte, daß mein Weg am Acker des Boas endete.«
Noomi, das erfuhr ich von Rut, hatte natürlich gewußt, wer ich war. Sie hatte auch nicht vergessen, daß ich zur Sippe Elimelechs gehörte und zu denen, die ein Recht hatten, alles zu erwerben und zu übernehmen, was Elimelech besaß. All diese Zusammenhänge erläuterte sie Rut, und die erzählte ihr darauf ausführlich, welche besondere Fürsorge sie von mir erfahren hatte.
Tag für Tag, während der ganzen Gerstenernte und noch die ganze Weizenernte über, kam Rut dann auf meine Felder. Sie gehörte damals schon fast zu den Meinen, war auch gern gesehen bei meinen Mägden. Ich ging in diesem Sommer noch öfter als sonst zu den Schnittern und kehrte manchen Abend wie neu geboren zurück.
Dann aber war alles zu Ende. Das Erntefest kam. Rut sah ich auf diesem Fest nicht. Anfangs machte mich das traurig. Auch die Aussicht, sie für lange Wochen nicht regelmäßig zu treffen, gab mir einen Stich. Ich achtete nicht weiter darauf. Ich wurde ja gebraucht an diesem Tag. Die Ernte war gut gewesen, und die Männer wollten mit mir feiern. Also feierte ich mit ihnen und enttäuschte sie nicht. Ich vergaß meinen Schmerz und blieb so lange auf

dem Fest, daß ich mich schließlich nur noch hinter einen Getreidehaufen werfen konnte und sofort einschlief.

Irgendwann schreckte ich dann aber auf. Zu meinen Füßen war da etwas, das war warm und fest. Ich setzte mich auf, beugte mich nach vorn, und da fand ich eine Frau. Im Dunkeln und schlaftrunken noch erkannte ich sie nicht gleich. Daß sie schön war, das allerdings merkte ich doch, roch auch die guten Düfte, die von ihr aufstiegen. Wie betäubt war ich im ersten Moment davon und wußte dann erst recht nicht, wen ich vor mir hatte.

»Ich bin Rut«, sagte die Frau. Und sie fügte hinzu: »Deine Magd«. Angst mußte ich nicht haben, das hörte ich diesen Worten und dieser Stimme gleich an. Da hatte jemand viel mehr Angst vor mir, wollte mich besänftigen. Nicht eine Feindin sei zu mir aufs Lager gekrochen, solle ich wissen, sondern vielmehr eine, die tun würde, was ich befahl.

Allerdings gab in jener Nacht zunächst Rut an, was geschehen sollte. »Du bist der, der dafür zu sorgen hat, daß das Haus des Elimelech nicht ohne Nachkommen bleibt«, sagte sie. »Also hebe deine Decke, auf daß ich mich bergen kann.« Leise begann Rut zu sprechen, zögernd, doch sie endete klar und deutlich, und am Ende war es unmöglich, ihr zu widersprechen. Ich war inzwischen hellwach geworden. Unfaßbare Freude durchflutete mich in dieser Nacht der Ernte. »Rut«, sagte ich, »Rut, zu mir bist du gekommen. Zu einem alten Mann, und an den jungen bist du vorübergegangen. An den reichen wie den armen. Mich hast du gesucht.« Ich hielt sie in den Armen, und wir sahen uns an. Wir lächelten nicht, wir wußten beide um den Ernst der Stunde.

»Ja«, sagte Rut. »Zu dir habe ich mich aufgemacht. Obwohl ich Angst davor gehabt habe. Aber Noomi hat

mir geraten, heute nacht zu dir zu gehen. Sie hat ein Kleid für mich besorgt, das mir gut gefällt und das ich gerne angezogen habe. Sie hat Wasser für mich heißgemacht und mir ein Bad bereitet. Auch Salbe hat sie mir hingestellt. Heute ist deine Stunde, hat sie zu mir gesagt. Heute geh zu Boas. Geh in der Nacht der Ernte, und geh so, daß dich niemand erkennt. Denn es soll unter euch bleiben, daß ihr etwas miteinander zu verhandeln habt.« Rut schwieg eine Weile, und dann begann sie wieder: »Das war mir auch recht so. Denn, wie es auch ausgeht, unser Gespräch, niemand soll sich das Maul zerreißen. Über dich nicht. Und über mich auch nicht. Denn ich bin eine ehrbare Frau. Und das will ich bleiben. Auch wenn ich fremd bin in diesem Land, und die jungen Hunde darauf lauern, daß ich ihnen zum Fraß vor die Füße falle. Zum Gespött der Leute will ich nicht werden und werde ich nicht werden.« So brach es aus Rut heraus, und ich merkte, wie tief noch immer die Angst in ihr saß, ihr Weg zu mir könnte ihr zum Nachteil ausgelegt werden.
»Du hast Angst gehabt, Rut«, sagte ich. »Und du hast doch getan, was Noomi, meine kluge Base, dir geraten hat.« Rut nickte. »Ja«, sagte sie. »Ich habe Angst gehabt. Mehr Angst als damals, als ich das Land meiner Mutter verließ. Mehr Angst auch noch als an jenem Morgen, als ich den Weg zu deinem Feld fand. Dies heute nacht – das war der schwerste Schritt auf meinem Weg. Ich hatte Angst – ein wenig sogar vor dir, starker Boas. Aber eben mehr noch als Angst vor diesem Gang habe ich Angst vor der Zukunft. Dem Immer-auf-der-Hut-Sein, der ewigen Ungewißheit.« Rut blickte zu Boden. Dann begann sie erneut: »Aber weil all die Wege, bei denen ich mit Angst im Herzen aufgebrochen bin, mir zugute gekommen sind, habe ich es auch in dieser Nacht gewagt, mich auf

den Weg zu machen. Ich habe einen guten Sommer gehabt. Der wird auch ein gutes Ende finden, habe ich mir gesagt. Ein gutes Ende für Noomi. Und für mich. Und für dich, Boas, weil du ein Mensch bist, auf den man sich verlassen kann. Und der du das Recht hast, alles zu übernehmen, was dem Haus Elimelechs gehört, wenn du bereit bist, diesem Haus Nachkommen zu verschaffen.«
Schon während Rut redete, begann mein Verstand fieberhaft zu arbeiten. Was Rut sagte, stimmte. Ich hatte Rechte in bezug auf das, was Elimelech gehörte. Aber da war noch ein anderer, der war Elimelech näher verwandt. Mit ihm mußte ich zuerst reden. Und kein Gerede durfte uns dabei belasten. Mich nicht und auch Rut nicht, die tapfer war, und mit Angst im Herzen, aber doch ohne Klage aufgebrochen war, uns allen eine gute Zukunft zu eröffnen. Noomi, ihr und mir. Rut hatte viel getan in jener Nacht. Nun war es an mir, einen Schritt zu tun.
Eigentlich hätte ich Rut sofort wegschicken müssen, damit auf keinen Fall jemand etwas von unserer nächtlichen Begegnung merkte. Aber das brachte ich nicht übers Herz. Ich sagte Rut, daß sich alles erst endgültig am nächsten Morgen nach meinem Gespräch mit dem anderen Verwandten entscheiden würde, daß sie jetzt aber bleiben könne bis zum Morgengrauen, länger aber nicht, damit kein Schatten auf einen von uns fiele.
Bevor Rut im ersten Morgengrauen zu Noomi zurückkehrte, gab ich ihr noch reichlich Gerste. Noomi sollte auch ein Zeichen dafür haben, daß ich alles dransetzen würde, alle Rechte auf das Haus Elimelechs zu bekommen.
Ich ging dann zu den Männern ans Tor und wartete dort, bis ich den Mann traf, der meinem Glück noch im Weg stand. Als der endlich kam, erinnerte ich ihn an das

Feldstück und daran, daß er ein Recht auf Elimelechs Haus hatte. Von Rut sagte ich erst einmal nichts, damit mich keiner durchschaute. Der Mann wollte den Grund und Boden tatsächlich haben, als ich ihn dann aber auf Rut und die Pflichten ihr gegenüber hinwies, nahm er sofort wieder Abstand. Er konnte Rut wohl nicht auch noch ernähren, hatte er doch schon eine große Familie. Mag sein, es war ihm sein Same auch zu schade, um den Namen des verstorbenen Elimelech zu erhalten.
Jedenfalls, um zu bekräftigen, daß ich alle Rechte von ihm erhielt, zog er seinen Schuh aus und gab ihn mir. Da machte ich die Ältesten Bethlehems, die am Tor zu Bethlehem versammelt waren, zu Zeugen, daß ich das Feldstück des Elimelech erwerben würde und auch meiner Pflicht nachkommen würde, Rut, die Schwiegertochter der Noomi, zur Frau zu nehmen.
Die Ältesten wurden mit Freuden meine Zeugen und überhäuften mich mit Glückwünschen. Sie stellten Rut in eine Reihe mit Rachel und Lea. Die waren beide, jede auf ihre Weise, stark und ein Segen für Israel. Rut aber ist ein Segen für mich. Sie bringt jetzt Noomis Enkel zur Welt. Und der wird gedeihen in meinem Haus, so daß nie vergessen wird, daß ich, Boas, es war, der den Namen des Hauses Elimelech rettete.
Jetzt winken sie mir. Das Kind ist geboren, rufen sie mir zu. Obed ist geboren. Obed – Obed heißt der erste Sohn von Rut. Rut wird noch andere Söhne haben. Denen werde ich Namen finden, ich, Boas, der ich eigentlich längst nicht mehr der Starke heißen sollte, sondern der Glückliche, weil mir eine Frau gegeben wurde, Rut, die meinem Herzen eine Freundin ist und die mich glücklich gemacht hat. *E. G.*

Samuel – Aufbruch ins Ungewisse

(1. Samuel 8–10)

Drohend standen die Männer vor Samuel. Bereits in den letzten Tagen war ihm von den wenigen ihm verbliebenen Freunden dieser Besuch, vor dem er sich so fürchtete, angekündigt worden.

»Glaub ja nicht, daß wir nur zum Spaß hier sind«, sagte einer der Männer, den sie offenbar zu ihrem Wortführer bestimmt hatten. »Lange Zeit haben wir uns in Geduld geübt. Zu lange Zeit. Jetzt ist das Maß voll. So kann es auf jeden Fall nicht weitergehen!«

Samuel wußte sehr genau, was die Männer umtrieb und was sie von ihm wollten. Er war alt geworden. Seine Kräfte waren geschwunden im ständigen Kampf gegen die feindlichen Philister, die sein Volk bedrohten, die Weiden verwüsteten, das Vieh wegtrieben, die Ernte raubten. Die Philister wollten kein gleichberechtigtes Volk neben sich dulden. Sie ließen den anderen Stämmen im Land nur die Wahl: Kampf oder Unterwerfung. Und Samuel hatte sein Volk zum Kampf gerufen. Oft, zu oft. Es ging über seine Kraft und die Kräfte des Volkes Israel. Sollte nun alles vergeblich gewesen sein? Das, was vor vielen Jahren geschehen war, wovon man sich erzählte in den langen Wüstennächten in den Zelten und den Dörfern, die allmählich entstanden waren? Wie Gott die Israeliten aus der Knechtschaft in Ägypten herausgeführt hatte. Wie er die mächtige Armee des Pharao, der die flüchtigen Israeliten verfolgen ließ, im Schilfmeer ver-

nichtete. Vom langen Weg durch die Wüste, über 40 Jahre lang, mit viel Murren und zugleich viel Hoffnung im Herzen. Dann folgten die zaghaften Anfänge eines besseren Lebens. Die ersten Dörfer waren entstanden, die ersten Felder gepflügt, die erste Ernte eingebracht. Aus einem Nomadenvolk sollten seßhafte Menschen werden: Bauern, Händler, Handwerker. So hatte es sich Samuel oft erträumt. So hatte er diesen Traum seinem Volk vor Augen gemalt, wenn wieder einmal eine Niederlage gegen die Philister zu verkraften war und Mutlosigkeit um sich griff.
Dies hatte den Menschen Hoffnung gegeben, oft gegen allen Augenschein. Die Hoffnung, daß von nun an alles besser werden würde, daß aus dem Traum eines Tages Wirklichkeit werden würde. Sie alle waren dabei getragen vom Vertrauen auf die Treue des Gottes, der aus der Völkerwelt den einen Mann Abraham herausrief und ihm eine Verheißung mit auf den Weg gab: »Ich werde ein großes Volk aus dir machen!« Sollte das jetzt alles vergeblich gewesen sein? Eitle Hoffnung und betrogenes Vertrauen?
Samuel konnte den Zorn der Männer verstehen, die jetzt so drohend vor ihm standen. Ja, es stimmte. Er war alt geworden. Zerrieben in den Kämpfen mit den Philistern und, was nicht weniger zermürbend war, im Schlichten des ständigen Streites zwischen den einzelnen Stämmen und Sippen.
Ja, alt und müde war er geworden. Das war wohl wahr. Keiner wußte und spürte dies mehr als Samuel. Und so hatte er vor einigen Wochen seine beiden Söhne als seine Nachfolger eingesetzt. Er hatte gehofft, dadurch entlastet zu werden, im Alter noch ein paar wenige beschauliche Jahre verbringen zu können, vielleicht in einer

Hütte im Jordantal, das er so liebte. Auch ein Volksführer hat das Recht, seinen Lebensabend in Ruhe zu verbringen. Dies hatte er schon oft gesagt, und nun wollte er es wahrmachen.

Doch es sollte anders kommen. Sehr bald schon waren Gerüchte an sein Ohr gedrungen, daß seine Söhne in ihren neu anvertrauten Ämtern zu ehrgeizig, herrisch und anmaßend auftreten würden. Und vor allem, und dies erschütterte Samuel am meisten, seien sie bestechlich. Mittellose Menschen hätten keine Chance mehr, ihr Recht zu bekommen. Diese Nachricht hatte Samuel beinahe niedergestreckt. Der Gott, auf den er vertraute, war stets ein Gott, der sich für die Armen und Rechtlosen, die Menschen am Rande, einsetzte. Und so sollte auch Recht unter den Menschen gesprochen werden. Und offensichtlich versagten gerade hier seine Söhne völlig.

Deshalb konnte Samuel den Zorn der Männer, die vor ihm standen, verstehen. Wie sollte es nun weitergehen? Samuel blickte ratlos in die Runde. Wiederum begann der Wortführer zu sprechen: »Gib uns einen König!« Samuel erstarrte. »Nein, nur das nicht«, dachte er bei sich. Und noch einmal, nun schon in schärferem Ton, hörte Samuel die Worte: »Setze einen König über uns ein!«

Samuel schlug die Hände vors Gesicht. Eine Geste, die die Männer vor ihm nicht unbeeindruckt ließ. Als Samuel nach einiger Zeit, die ihnen wie eine Ewigkeit erschien, die Hände wieder vom Gesicht nahm, blickten sie in das Gesicht eines gebrochenen Mannes.

»Wollt ihr«, so hauchte er mehr als er sprach, »daß wir werden wie die anderen? Wollt ihr uns zu Philistern machen? Die haben Fürsten, die über sie herrschen. Und wie! Ja, die führen sie auch in die Kriege, sehr geschickt oft und siegreich, das gebe ich zu. Aber sonst? Seht ihr denn nicht, was es bedeuten wird, einen König über sich zu haben? Steuern wird er einführen, mehr als ihr bezahlen könnt oder wollt. Einen Teil eurer Ernte wird er einfordern. Eure Töchter werden Hofdienste leisten müssen. Knechte werdet ihr zu stellen haben. Und, vor allem, das Recht! Wer wird Recht über euch sprechen? Seht ihr denn nicht, was das Recht eines Königs ist? Das Recht des Stärkeren, der kein Erbarmen kennt. Wer wird dann euer Recht gegen den König einklagen?«

Samuels Worte waren immer lauter, klarer, auch drohender geworden. »Und was das Schlimmste ist. Wenn ihr jetzt einen König fordert, heißt dies dann nicht, daß ihr mißtrauisch geworden seid gegenüber unserem Gott, der in der Vergangenheit immer wieder Männer berufen hat, die uns im Kriege anführten und Recht über uns sprachen? Ja, sogar Frauen hat er zu listigen Heldinnen erweckt. Haben wir uns nicht gerade auch dadurch von den anderen Völkern unterschieden, daß wir keinen König hatten, daß auch Frauen etwas gelten unter uns? Sind wir deshalb nicht auch manchmal von den anderen Völkern beneidet worden? Wollt ihr das alles aufgeben?«

An dieser Stelle wurde Samuel vom Wortführer unterbrochen: »Hast du nicht selbst bereits einen Mann heimlich zum König gesalbt? Man erzählt sich da so eine Geschichte.«

Samuel wurde noch bleicher, als er ohnehin schon war. Er wußte genau, von was und wem die Rede war. Trotzdem sagte er zögernd: »Die Menschen erzählen viel, wenn der Tag lang ist.«

»Nichts da!« wurde ihm entgegnet. »Wie ein Märchen klingt es ja, was die Leute erzählen. Aber etwas wird

schon dran sein. So lange Zeit kann sich eine Geschichte nicht halten, wenn nicht ein Körnchen Wahrheit in ihr steckt. ›Von einem, der auszog, seine entlaufenen Eselinnen zu suchen und ein Königreich fand‹, so nennen die Menschen die Geschichte, die von dir und Saul (und du weißt genau, daß ich von Saul rede!) erzählt wird. Hast du nicht vor Jahren schon, als er noch ein kleiner Junge war, ihn in aller Heimlichkeit zum König gesalbt? Und uns willst du vorwerfen, daß wir jetzt einen König von dir fordern?«
Samuel war inzwischen ganz still geworden. Er sah die Männer um sich herum an. Er hatte die letzten Worte aus ihrem Kreis nur noch wie einen Hall aus der Ferne vernommen. Längst schon war er in ein Gespräch mit Gott eingetreten. Von ihm erhoffte er sich eine Antwort, die selbst zu geben ihn überfordert hätte.
»Geht weg!« sagte er schließlich. »In einigen Wochen werde ich eine Volksversammlung nach Mizpa einberufen. Dort werden wir entscheiden, was geschehen soll.«

Mit lauter Stimme sprach Samuel in Mizpa. Er war kaum wiederzuerkennen. Alles Zögern, alle Unsicherheit schien von ihm abgefallen. Das war der Samuel, wie ihn alle kannten. Der Gottesmann, die unbestrittene Autorität, der Richter, dessen Spruch von niemand angezweifelt wurde.
»Wenn Samuel die letzten Monate so gewesen wäre wie heute, dann stünden wir gar nicht hier. Dann bräuchten wir keinen König.« Oft waren diese Sätze zu Beginn der Volksversammlung zu hören, und alle waren gespannt, was Samuel sagen würde.
Samuel zeigte sich gerade darin als der alte, daß er auch heute dem Volk nicht nach dem Mund redete. Darin war

ja seine ganze Autorität begründet, daß er so unbestechlich war, daß er unangenehme Wahrheiten nicht verschwieg. Bei ihm konnte man lernen, daß Volkes Stimme nicht Gottes Stimme war, sondern daß Gott nur für sich selbst und aus sich selbst heraus spricht. Und auch heute erinnerte Samuel daran.

»Ihr wollt einen König haben. Und ihr wißt alle, was ihr damit tut. Ihr sprecht Gott euer Mißtrauen aus. Seine Führung genügt euch nicht mehr. Ihr wollt einen sichtbaren Führer haben mit Fahnen, Pomp und Prunk. Der unsichtbare Gott, der uns behütet Tag um Tag, genügt euch nicht mehr. Dieser Gott, das wissen wir alle, war und ist kein Tyrann. Er unterwirft nicht wie ein Herrscherkönig. Er läßt euch euren Willen, auch dort, wo ihr gegen ihn seid. Und er bleibt dennoch an unserer Seite. So groß ist unser Gott. Wie klein wird jeder König dagegen sein!«

Samuel spürte den Widerspruch, der sich allmählich in der Volksversammlung durchsetzte. Er mutete den Menschen wieder einmal viel zu. Dazu hatte er sich in den letzten Wochen durchgerungen. Seine letzte Rede sollte keine Protestrede sein, wohl aber eine warnende Rede. Und er wußte, daß er damit auf Widerspruch stoßen würde. Als er die letzten Worte von der Größe Gottes und der Kleinheit eines Königs gesprochen hatte, schollen ihm andere Rufe entgegen: »Unser König wird groß sein. Größer als alle anderen Könige. Der Größte unter uns soll der König sein!«

Beinahe mußte Samuel lachen über den kindlichen Trotz, der aus diesen Rufen sprach. »Sie sind wie die Kinder«, dachte er bei sich und sagte laut: »So soll es sein! Doch ob der Größte unter euch auch ›groß‹ sein wird, das wird sich zeigen. Wo ist denn nun der Größte?«

Samuel sah, wie ganz hinten, dort, wo die Pferde und

Gerätschaften standen, eine große Unruhe entstand. Einige Männer zerrten einen scheinbar widerstrebenden Mann nach vorne. Sie schleiften ihn mehr am Boden, als daß er selbst ging. Als der Mann schließlich vor Samuel gebracht wurde, lag er am Boden mit einem zerstoßenen Knie und einer blutenden Nase. Samuel sah, daß es Saul, der Sohn des Kisch, war. »Nun wird das Märchen von dem, der auszog, seine Eselinnen zu suchen und ein Königreich fand, doch wahr«, dachte er bei sich. Mit lauter Stimme sprach er Saul an: »Steh auf!« Als Saul sich erhob, ging ein Raunen durch die Menge. Denn es war unübersehbar. Saul überragte alle um einen Kopf. »Da habt ihr euren Größten! Und euren König dazu!« rief Samuel. Seine Worte gingen im Jubel des Volkes unter. »Und du«, sagte er im Weggehen zu Saul, »mach das Beste draus!«

Samuel hielt sich für den Rest des Tages und in den nächsten Tagen fern von den Jubelfeiern des Volkes. Und ein Volksfest war aus der Königsproklamation geworden. Wie ein Rausch durchflutete es die Menschen. »Wir sind das Volk!« so hallten die Rufe bis in die Nacht hinein. Vergessen war die Angst vor den Philistern, vergessen war der Streit um die besten Weideplätze, vergessen war auch der Groll auf Samuel. Man sah nur noch eine goldene Zukunft vor sich.

»Wenn das nur gut geht«, dachte Samuel, der zurückgezogen am Rande von Mizpa in einer kleinen Hütte saß. »Ein Volk im Aufbruch. Warum macht mir das eher Angst, als daß es mich mit Freude erfüllt wie alle anderen? Und im Aufbruch sind wir begriffen, das ist wahr. Wir sind zu einem anderen Volk geworden. Ein richtiger Staat mit einem König sind wir nun. Ob wir darüber alles vergessen werden, was hinter uns liegt? Ob

wir vielleicht sogar Gott vergessen? Ob uns die alten Geschichten, die bisher so wichtig für uns waren, weiter begleiten werden? Oder werden sie durch all das andere, das auf uns zukommen wird, verdrängt werden? Werden wir ein Volk ohne Vergangenheit, und damit ein Volk ohne Gott? Wenn wir diese unsere Vergangenheit vergessen, dann haben wir auch keine Zukunft.«
Samuel war aufgestanden und blickte hinüber zu den feiernden Menschen. »Nein!« sagte er laut. »Nein, ein Aufbruch ist kein Wert an sich. Ein Aufbruch ist nur dann ein guter Aufbruch, wenn wir damit Gott nicht zurücklassen, wenn wir mit ihm zusammen aufbrechen, so wie Abraham mit Gott aufgebrochen ist. Ich hoffe, daß ich heute einen solchen guten Aufbruch erlebe.« Doch seine Augen blickten skeptisch in Richtung der singenden und tanzenden Menschen. *A. G.*

Abigail – Aufbruch zum Segen

(1. Samuel 25)

Abigail erzählt:

Hochzeit werde ich feiern. Dem David ziehe ich entgegen, Königin werde ich sein.
Gewiß – jetzt ist mein Weg noch mühsam. Aber Davids Boten sind wie Mauern um uns. Wer wird es wagen, uns anzugreifen? Gut geht es mir jetzt – trotz all des Schrekkens, dem ich gerade den Rücken gekehrt habe.
Nabal ist tot. Er legt mir keine Steine mehr in den Weg. Er hindert mich nicht mehr.
Anfangs, zu Beginn unserer Ehe, sah er übrigens nicht aus wie ein Klotz. Ich war sogar froh, ihn zum Mann zu bekommen. Er war einer der Reichsten um Hebron herum und in Maon sowieso. Wer, so stellte ich mir vor, würde mir in Zukunft etwas vorschreiben, mir, der Frau des Mannes, der weit und breit die größten Herden besaß? Niemand würde uns das Wasser reichen können. Und das machte mich zufrieden. Damals, als ich das erste Mal heiratete.
Das Hochzeitsfest war üppig und ohne Maß. Ein Fest war das, das bis zur Besinnungslosigkeit ging. Niemand konnte sich dem entziehen. Auch ich nicht. Aber ich fühlte mich wohler, als es vorbei war. Dann begann die Zeit meines Auf-mich-gestellt-Seins. Nabal zog es zu seiner Herde, und ich mußte sehen, wie ich zurechtkam. Ich begann, unsere Güter zu verwalten. Die Leute meines

Mannes, die vielleicht verständiger waren als ich selbst zu diesem Zeitpunkt, gingen nicht zu meinem Mann, wenn es Entscheidungen zu treffen galt. Sie wandten sich an mich. Auch von Mamre aus schickte man zu mir, wenn irgendetwas zu regeln war zwischen dem Heiligtum und dem Hof. Wirklich, es hatte mir niemand etwas zu sagen, und ich hatte eine Menge zu sagen. Aber ich hatte niemanden, mit dem ich sprechen konnte.

Nabal kam nur zu den großen Festen zu mir. Ansonsten trieb er sich bei den Herden herum. Nicht auf den entferntesten und gefährlichsten Weideplätzen. Weiß Gott nicht. Er blieb immer nur am Rande der Wildnis, so daß er nie um sein Leben zu kämpfen brauchte. Nabal war ein Tor, aber er hatte einen entwickelten Instinkt für das, was ihm angenehm war, und das, was ihn zu Anstrengungen zwang. Am Rande der Wildnis und noch in der Nähe der Städte und Dörfer, da drohten ihm jedenfalls keinerlei Anforderungen und Ansprüche. Die Fäden unserer Geschäfte liefen in Maon zusammen. Da, wo ich war, waren sie zu entwirren.

Draußen bei der Herde war Nabal auch frei von seinen Pflichten als Gebieter. Er genoß es nur, Herr der Herde zu sein. Seine Knechte kannten sich nämlich besser mit den Tieren aus als er, wußten genauer, was zu erledigen war. Auf einen, der sich als ihr Gebieter aufspielte, waren sie deshalb nicht erpicht. Das aber gehörte zum Reiz der Freiheit Nabals bei den Schafen und Ziegen. Wenn es ihn überkam, dann ließ Nabal dort alle nach seiner Pfeife tanzen. Und niemand hinderte ihn daran.

Oft hatte ich tüchtige Leute zu beruhigen, die er angeschrien hatte, wenn ein Löwe sich aus Nabals Herde Beute geholt hatte. Selbst wenn die Hirten beweisen konnten, daß sie sich das Vieh nicht selber genommen

hatten, schnaubte und tobte er und ließ sie lange in Angst und Schrecken, ob er die Drohungen wahrmachen würde, die er gegen sie ausgestoßen hatte.
Nabal liebte die Macht, die er über andere Menschen hatte. Und war doch selbst so schnell kleinzukriegen. Von mir genügte oft ein Ton, und er wurde unsicher. Manchmal brüllte er dann noch lauter. Das habe ich mir angehört. Auf eine Auseinandersetzung ließ ich mich nicht ein.
Leicht war das alles aber nicht für mich. Ich begann, mir einen anderen Mann zu wünschen. Oft ging ich nach Mamre zur Terebinthe und zu denen am Heiligen Ort. Es gab Tage, da weinte ich auf dem ganzen Weg dorthin. Manchmal sagte ich auch seinen Namen laut vor mich hin: Nabal. Das tat ich zu meinem Trost. Einen Toren hatte man mir zum Mann gegeben, denn das war ja die wahre Bedeutung seines Namens. Also konnte er nicht anders sein, als so, wie ich ihn erlebte. Anderes konnte ich nicht erwarten. Das sagte ich zu meiner Beruhigung. Und flüchtete mich manchmal in die Gewißheit meiner Überlegenheit.
Aber diese Höhenflüge dauerten nicht lange. In Wahrheit war ich zutiefst enttäuscht vom Leben auf Nabals Besitz, und ich brauchte das Geflüster von Mamre, um in meiner Traurigkeit nicht unterzugehen. Ich brauchte die rätselhaften, schönen Sätze der Alten dort, die Düfte der großen Feiern, unsere Tänze.
Ich brauchte auch die Freundlichkeit, die mich dort umfing. Und die Neuigkeiten, die ich dort mitbekam. Hebron, die Stadt, war ja nicht weit. Und alle, die dort zu tun hatten, kamen auch nach Mamre, um ihr Opfer darzubringen, damit ihnen ihr Weg gelingen möge.
In Mamre, glaube ich, hörte ich zum ersten Mal von David. Viele Augen richteten sich auf David, denn Saul

stand nicht mehr sicher auf seinen Füßen. Den Philistern konnte er nicht mehr entgegentreten. Schutzlos lagen unsere Städte vor ihnen, die Erträge unseres Landes fielen ihnen in die Hände. Und beraubt von den fremden Herren, waren viele Bauern nicht mehr in der Lage, ihren Gläubigern zu zahlen, was sie entliehen hatten. Den Geldgebern war es egal, warum ihre Schuldner nicht zahlen konnten. Sie waren auf ihre Weise genauso gnadenlos wie die Krieger. Sie vollendeten das Werk der Philister und vertrieben viele Bauern von ihrem Besitz.
Mich beunruhigte das sehr. Nicht, weil ich unser Haus gefährdet sah, sondern weil ich auch immer öfter von Übergriffen der Entwurzelten auf unsere Herden hörte. Das war der eine Grund. Der andere war, daß ich unser Land liebte. Das Land, in dem Milch und Honig fließen. Ein Land sollte das sein, in dem alle, die auf den Herrn bauten, Milch und Honig bekommen sollten. Und weil dieses nicht der Fall war, weil andere wie Heuschrecken über das Land herfielen, das uns versprochen war, darum sorgte ich mich. Und suchte nach einer Lösung.
Von Saul, das sah ich klar aus dem Geflüster in Mamre, war nichts mehr zu erwarten. Von David aber war Hilfe zu erwarten. Manchmal sehnte ich mich nach einem Mann wie ihm. Nach einem Mann, der fähig war, etwas zu begehren, es besitzen zu wollen und dann auch zu erreichen, was er gewollt hatte. Nabal lief davon. Nabal war alles gleichgültig. Über den Tellerrand seines eigenen Wohlbefindens jedenfalls sah er nicht hinaus. Ich hörte, daß David Lust bekommen hatte, Michal, Sauls Tochter, zur Frau zu nehmen. Und ich hörte, daß Saul David als Brautpreis ein Angebot machte, das David zum Wagnis herausforderte, weil er eine Möglichkeit sah, diesen Preis zu zahlen. Mit Gold und Silber konnte David, der vom

Land kam, nicht aufwarten, wohl aber konnte er die geforderten hundert Vorhäute der Philister beibringen. Als David sich daranmachte, das Geforderte zu erbeuten, fiel er nicht in die Hände der Philister, wie Saul vielleicht insgeheim gehofft hatte. Nein, Saul konnte sich nicht von dem befreien, von dem er befürchtete, er könnte ihm den Thron streitig machen. Und David bekam die Frau, die ihn gereizt hatte. So war David. Und Nabal war nicht so.

Gern ging ich nach Mamre, überwand da meine Verzweiflung, und hoffte darauf, daß alles noch werden würde. Oft dachte ich an David, hörte auch von seinen Künsten. Die Harfe konnte er spielen, und Menschen machte er sich zu Freunden. Das hörte ich und hörte später auch, daß zwischen Saul und David Zwietracht herrschte. Das wunderte mich nicht. Saul mußte gegen den, der offenkundig mehr das Zeug zum König hatte als er selbst, zu Felde ziehen, wollte er nicht gleich die Waffen strecken. Der Zwist ärgerte mich dennoch. Kraft wurde da vergeudet, Kraft, die wir brauchten im Kampf gegen die Philister.

Männer sind so. Sie müssen erst unter sich klären, wer nach außen den Ton angibt, bevor sie ihre Kräfte sammeln können und gegen die äußeren Feinde vorstoßen.

In sinnlosen Kämpfen allerdings, das merkte ich bald, verschwendete sich David nicht. Er nutzte seine Zeit. Er hatte, so hieß es, einen Trupp von Leuten um sich gesammelt, die schwer unter dem Verhängnis zu leiden hatten, das uns getroffen hatte. Wild entschlossen waren diese Männer, Israels Wehrlosigkeit zu beenden.

Diesen Leuten stand David vor und bereitete sich auf die Kämpfe vor, die zu kämpfen sein würden. Dies hatte ich mitbekommen. Nicht mitbekommen hatte ich aber, wo

David sich aufhielt und wie er mit seinen Leuten über die Runden kam.
Es begann ruhig zu werden um David. David wurde zu einer Gestalt meiner Träume. Damals weinte ich nicht mehr auf meinen Wegen nach Mamre. Damals träumte ich auf diesen Gängen von David. Flink stellte ich ihn mir vor, geistesgegenwärtig, fähig zu lachen, zu weinen, zu töten und zu feiern. Würde ich David treffen, so träumte ich, würde er nicht kämpfen. Er würde mir auf seiner Harfe vorspielen. Das malte ich mir aus. Immer und immer wieder. So wurde ich mit meinem Alltag fertig – mit den Aufenthalten in Mamre und den Aufgaben in Maon. Die beanspruchten mich manchmal sogar ohne jede Unterbrechung. Die Zeit der Schafschur zum Beispiel verlangte viel Vorbereitung. Ich hatte aufzupassen, daß Brot, Kuchen, Fleisch und Wein genug da waren, damit die Hüter der Herde bei der Schur ihre Erträge und Erfolge feiern konnten. Von dem, was dabei in meinem Haus verbraucht wurde, wäre anderswo ein ganzes Dorf satt geworden.
Das Fest der Schafschur bedeutete Arbeit. So ist das immer. In diesem Jahr aber bedeutete mir das Fest noch mehr. Das begann, als alle Vorbereitungen eigentlich schon abgeschlossen waren. Ich war bereits ruhiger geworden, erholte mich von der Anspannung der vergangenen Wochen, da hörte ich Lärm auf dem Hof.
Aus Karmel, wo unsere Schafe geschoren wurden, war derjenige meiner Leute gekommen, den ich für den zuverlässigsten halte. Er stritt mit meiner Magd, die, weil sie wußte, daß ich Ruhe brauchte, jede Störung von mir fernhalten wollte. Meine Ruhe aber war dahin, da ich die Aufregung bemerkte, die meinen Knecht umtrieb. Mich durchfuhr ein Schreck. Ich lief auf den Hof. Ich schob die

Magd beiseite und fragte den Mann: »Was ist geschehen?«

»Herrin«, sagte mein Knecht zu mir, »David und seine Leute sind in der Nähe. Lange schon. Sie haben uns beschützt während der ganzen Weidezeit. Kein Löwe ist in dieser Zeit über unsere Herde hergefallen. Und keiner von denen, die ohne Land sind, hat es gewagt, sich uns zu nähern. Über die Truppe Davids waren wir froh, denn sie ersparte uns Verluste und das Toben des Herrn. Dies alles mußt du wissen, Herrin, denn sieh, nun hat David Boten geschickt. Freundlich traten sie vor Nabal hin und voller Ehrerbietung. David bat um einen Anteil an dem, was die Herden hergeben in diesem Jahr. Was Nabals Hand entbehren könne, möge er Davids Leuten überlassen. Das war nicht unberechtigt. Denn unsere Herde stünde ja heute anders da, hätten wir den Schutz der Truppe nicht gehabt. Nabal aber fand die Forderung der Boten unverschämt. Worüber er verfüge, das wolle er seinen eigenen Leuten nicht rauben, antwortete er. Und er fragte die Abgesandten: ›Wer ist David, und wer ist der Sohn Isais?‹ Mit den Hergelaufenen, mit denen, die alle Wurzeln verloren haben, nannte er den David in einem Atemzug. David, der Sohn Isais, David, den Samuel selbst von der Herde seines Vaters geholt und gesalbt hatte, David, der den Riesen Goliath besiegt hatte, David, den Schwiegersohn Sauls. Den meinte Nabal nicht kennen zu dürfen. Nabal, der Herr der Schafe, machte David, den Herrn des Heeres, zu einem Namenlosen. Davids Leute, Herrin, drehten sich um. Sie gingen, wortlos, und hatten auch für uns keinen Blick mehr übrig. Ich bin sicher, es braut sich ein Unglück über uns zusammen. David wird nicht bleiben, wo er ist, und dies Haus hier ungeschoren lassen. An dir, Herrin, ist es nun zu handeln, auf daß der Friede deinem Haus bewahrt bleibt.« So sprach der Knecht zu mir, den ich für meinen treuesten halte.

Daß David um mich werben würde, hatte ich geträumt. Nun sah ich mich bedroht von ihm, gefährdet in allem, was ich mein eigen nannte. Aber noch war das letzte Wort nicht gesprochen, war nichts verloren. Nabal war mit sich beschäftigt und weit weg. Wer also wollte meinen Fuß hindern, wenn ich mich aufmachte, zu tun, was ich für richtig hielt?

Ich erkundigte mich bei dem Knecht nach der Stärke von Davids Truppe, und ob er mich dahin führen könnte, wo diese lagerte. Das würde er können, versicherte mir der Mann.

Ich ließ dann einpacken, ein Festmahl für 600 Mann: Brot, Wein, Fleisch von fünf Schafen, Mehl, 100 Rosinenkuchen und 200 Feigenkuchen. Ich half einzupacken und aufzuladen. Aber ich nahm mir auch noch die Zeit, meine Haare zu waschen. Denn die Leute sagen, daß ich schön bin. Also wollte ich schön sein, wenn ich David begegnete. Reichlich und von allem wollte ich ihm bieten von dem, was ich zu bieten habe. Denn alles stand auf dem Spiel. Für mich und mein ganzes Haus.

Ein Aufbruch ins Dunkle war's, der dann begann. Wir mußten in die Schluchten der Berge hinein. Wir mußten dorthin eindringen, wohin mein Esel noch nie seinen Fuß gesetzt hatte.

Wir wußten nicht, ob wir je unser Ziel erreichen würden. Verfehlten wir David, wäre der schon unterwegs zu den Meinen, dann wäre alles umsonst.

Bitterkeit stieg in mir auf. Mit einer Harfe würde David zu mir kommen, so hatte ich es mir erträumt. Nun mußte ich sein Schwert fürchten.

Unser Weg war schneller zu Ende, als wir geglaubt hatten. Wir kamen gar nicht erst zum Lager. Als wir den Schatten eines Berges hinter uns ließen, stießen wir auf David und seine Männer. Bewaffnet waren sie und auf einem Kriegszug. Rache würden sie an dem nehmen, der sie hatte leer ausgehen lassen und verspottet hatte. Das war unübersehbar. Diese Leute waren entschlossen, nichts übrigzulassen von Nabal und seinen Männern, und wenn, so sollte Unheil über sie selbst kommen. Dies Ziel sah man Davids Truppen an.

Ich sah dies auch in den Augen von dem, den ich als David erkannte. Der war genauso verbissen, so besessen wie die, an deren Spitze er ritt. Ein kleiner, in sich gekehrter Mann war das, jung, aber hart.

Ich überlegte nicht viel in diesem Augenblick des Aufeinandertreffens. Ich berechnete da nichts mehr. Ich überließ mich nur noch ganz dem, was mich durchfuhr. Ich stieg von meinem Esel und ließ mich nur auf die Erde fallen. Gebeugt, nur vorsichtig mit den Augen Davids Blick suchend, ergriff ich dann das Wort. Alles sei mein Problem gewesen, sagte ich. Und er, David, der mein Herr sei, möge mich entschuldigen. Ich hatte nicht acht gegeben und dem das Heft in die Hand gegeben, der es nicht habe halten können. Nabal, Tor, sei mein Mann. Der sei nicht wert, daß ein Mann wie David sich mit ihm abgebe und sich an ihm und durch ihn die Hände schmutzig mache.

Dies alles brach aus mir heraus. Was ich lange still in mir getragen hatte, das bahnte sich jetzt seinen Weg, breitete sich aus vor David. Von dem ich übrigens auch sprach. Von der Hoffnung, die er, David, für uns bedeutete. Wegen eines Toren das Werk zu gefährden, das Gott für ihn, David, vorgesehen habe, das dürfe nicht sein. Dem

Herrn sei nicht daran gelegen, daß David Schuld auf sich lade und sich nur noch als sein eigener Herr empfinde statt dem zu folgen, ohne den er doch in Wahrheit nichts sei. Und der doch bisher sein Antlitz mit Wohlgefallen hatte leuchten lassen über David. Diesem wolle unser Herr ein Haus bauen, das Bestand habe und nichts gemein mit einer Eintagsfliege wie das Haus eines anderen.

Ich wies dann auf all das hin, was ich bei mir hatte, und bat David, dies anzunehmen – als ein Zeichen für die Ehrlichkeit meiner Worte, die ich außerdem noch in meinem Herzen für ihn trug. Ein Behüter nämlich solle David sein Zeit seines Lebens, ein Liebling unseres Herrn, dessen Kriege er ja führte, und dem er kostbar sein sollte wie ein Augapfel.

David solle diese seine Kostbarkeit nicht vertun. Vielmehr solle der Herr, unser Gott, alle diejenigen mit Zorn aus seiner Obhut schleudern, die dem David, den Gott, der Herr, lieb hat, etwas zuleide tun wollten.

So führte ich David vor Augen, was aus ihm werden sollte, und was er nicht gefährden durfte. Zum Schluß aber lenkte ich den Blick Davids auf mich, die ich ihm alle diese Worte und dazu reichlich Segensgaben überbracht hatte. Er, David, möge sich meiner erinnern, sobald er die Macht besitze, die Gott, unser Herr, ihm zukommen lassen wolle.

David, der Krieger, wurde anders, während ich zu ihm redete. Er sah mich an, als könnte er direkt in mein Herz sehen, erkannte mich, wie kein Mann zuvor mich je erkannt hatte. Sein Blick war nicht mehr scharf, sanft wurde er und so, daß ich all die Worte zu sagen wagte, die mir auf der Zunge lagen. Und als er ansetzte, mir zu antworten, da wußte ich schon gar nicht mehr, wo der

von Rache besessene Mann geblieben war, vor dem ich auf die Knie hatte fallen müssen.
Freundlich sprach David zu mir. Er ergriff meine Hand und segnete meine Worte, segnete auch mich, die ich ihn daran gehindert hatte, die schreckliche Drohung wahrzumachen, die er wahrzumachen geschworen hatte. Damals, als er nur von Nabal wußte, dem Toren. Jetzt aber spüre er auch etwas von Abigail und von dem Geist, der von meinen Lippen wehe. Dem sei er nun nahe und er wolle mich schonen. In Frieden solle ich heimziehen in mein Haus. Alles, was mich beunruhige, solle ferne von mir sein. So sprach David zu mir, der ein Rächer, ein Verfluchender gewesen war, als ich ihn antraf, und der ein Beschützer, ein Segnender war, als ich ihn verließ.
Wir fanden leicht zurück, meine Leute und ich. Bedrückt waren wir aufgebrochen, und mühsam war unser Weg zu David gewesen. Aber als wir das Haus wieder erreicht hatten, das sie das Haus des Nabal nennen, da war mir zumindest, als sei ich geschwebt, all die Stunden des Weges nach Maon.
Nabal war mittlerweile auch zu Haus. Ich fand ihn zwischen den Resten eines üppigen Mahls. Ich fand ihn betrunken, nicht ansprechbar. Er war guter Dinge, aber ohne jeden Verstand. Ich versuchte erst gar nicht, mit ihm zu reden. Am anderen Morgen, als sein Blick wieder klarer wurde, berichtete ich ihm, daß es mir gelungen war, David von der Verwüstung und Vernichtung unseres Hauses abzuhalten. Daß er, Nabal, jetzt noch atme, sei darauf zurückzuführen, daß ich einzig und allein dem gefolgt sei, was ich als vernünftig erkannt hatte.
Meine Worte müssen wie ein Keulenschlag für Nabal gewesen sein. Er widersprach nicht mehr. Alles Leben war aus ihm gewichen. Für den knappen Rest der Zeit,

die ihm auf Erden noch verblieb, lag er schwer und starr auf seinem Lager. Mich erreichte er nun überhaupt nicht mehr. Er rührte mich einfach nicht mehr an, obwohl ich mich wahrhaftig nicht mehr gegen ihn sperrte, denn sein Elend schrie wirklich zum Himmel. Schließlich gab auch das Herz des Nabal auf. Er holte sich keine Luft mehr. Nabal starb, zehn Tage nachdem ich David begegnet war. In Maon, in Mamre, in Hebron und in Karmel verbreitete sich die Nachricht von Nabals Tod wie ein Lauffeuer.

David fackelte nicht lange, als er davon hörte. Er sandte Boten zu mir und bat mich, seine Frau zu werden. David noch einmal zurückzuweisen von Maon aus, ihn noch einmal zu beleidigen, wie Nabal es getan hatte, das war undenkbar. Und mir lag auch gar nichts daran. Konnte ich denn einen besseren Mann bekommen als den, den Gott, unser Herr, dazu ausersehen hatte, das gelobte Land seinen Widersachern zu entreißen?

Daß ich, die Herrin von Maon, sogar den Knechten Davids, den ich mit Freuden meinen Herrn nenne, die Füße waschen würde, antwortete ich den Boten Davids. Denn so antwortet man in Israel, wenn man einem zu antworten hat, dem eine solche Antwort gebührt.

Und dann machte ich mich noch einmal auf den Weg – diesmal mit fünf meiner Mägde im Gefolge und beschützt von Davids Leuten. Diesmal brach ich ohne Angst auf. Diesmal brach ich auf, um Hochzeit zu halten. Hochzeit mit David, der ein Liebling unseres Herrn ist und würdig, König zu sein in meinem Land.

Königin werde ich sein an seiner Seite. Aufgebrochen bin ich, um David zu geben, was er von mir erbat. Denn er ist der Mann, der mich angesehen hat. Der mich ins Leben rief. Mit seinen Augen. Weil ich sein Herz traf. Mit meinen Worten. *E. G.*

Jesaia – Aufbruch mit Gott

(Jesaia 6)

»Kann man Gott so nahe kommen?« Benommen stammelte Jesaia diese Worte immer wieder. Er saß auf einem Stein auf der halben Anhöhe des Ölbergs und blickte hinüber nach Jerusalem, das im gleißenden Sonnenlicht jenseits des Kidrontales lag. Er sah die Stadtmauer, das bunte Treiben der Menschen, die in die Stadt hineinstrebten. Und er sah den Tempel, den Salomo erbauen ließ. In der Mitte des Tempels stand das Allerheiligste mit der Bundeslade. Die Bundeslade war das Zeichen der Anwesenheit Gottes inmitten seines Volkes, auch wenn Gott nicht zu sehen war, so wie man einen Menschen sehen kann.
›Kann man Gott nicht sehen?‹ Dieser Gedanke jagte Jesaia einen Schrecken ein. Es war der Schrecken, vor dem er zu fliehen versuchte, als er aus Jerusalem herausrannte und den Ölberg hinauf. Nun hatte ihn dieser Schrecken wieder eingeholt.
Was war geschehen? Jesaia versuchte seine Gedanken und Gefühle zu ordnen. ›Dies, gerade dies ist jetzt wichtig‹, sagte er zu sich selbst. ›Ich muß begreifen, was geschehen ist.‹ Dieser Gedanke ließ ihn ein wenig zur Ruhe kommen. Die Geschehnisse der letzten Monate standen plötzlich in aller Deutlichkeit vor seinen Augen. Eine große Wende, ein Aufbruch hatte sein Leben bestimmt. Dieses Leben, das bisher einen so geordneten Verlauf genommen hatte, war durcheinandergeraten. Er war zum Propheten geworden.

»Ich bin zum Propheten geworden!« Mehrere Male sprach Jesaia diese Sätze, so als müßte er sich selbst noch einmal davon überzeugen, daß dies alles wirklich so geschehen war. Plötzlich war er ein anderer geworden. ›Ein anderer werden – das ist ein großes Wort‹, dachte Jesaia. Und doch war es so. Er war ein anderer geworden in den letzten Wochen. Mit einem Male hatte er angefangen, öffentlich von Gott zu reden. Er, der doch so schüchtern war. Aber er redete auf andere Weise als die Priester im Tempel. Gott war in den Worten der Tempelpriester so etwas wie ein zweiter König neben dem König von Juda. Ein Gott, der immer das abzusegnen schien, was am Königshof beraten und beschlossen wurde. Ein großer majestätischer Ja-Sager war dieser Gott.

»Und so ist Gott nicht!« hatte Jesaia immer wieder, immer lauter, immer dringlicher gesagt. »Erinnert euch doch. Unser Gott ist doch der Gott Abrahams, Isaaks und Jakobs. Dieser Gott war und ist stets den Menschen zugewandt. Aber nicht als der große Ja-Sager, sondern eher als der große Aufrüttler, der Überraschende, der stets dort ist, wo niemand ihn vermutet. Dieser Gott ist eher bei den Einsamen und Verzweifelten, bei denen, die ohne Hoffnung waren, und weniger dort, wo Macht und Reichtum sich anzusiedeln pflegen. Den Jakob, den hat er einmal mitten in der Nacht, als dieser einen Fluß überqueren wollte, überfallen, und nach einem langen Kampf hat er ihn dann gesegnet.« So und in ähnlichen Worten hatte Jesaia zu den Menschen gesprochen.

»Mit Gott muß man kämpfen. Und in diesem Kampf werden wir andere. Unser Gott ist ein Gott, der uns zum Aufbruch ruft. Nicht zur Sattheit, zur Selbstgenügsamkeit!« Immer wieder hatte er diese Sätze in den letzten

Wochen auf den Straßen Jerusalems und im Tempel den Menschen zugerufen. Und er war darüber ein einsamer Mann geworden. Viele Feunde wollten ihn plötzlich nicht mehr kennen. Manch einer seiner Verwandten schämte sich seiner. ›Ich verstehe sie ja‹, dachte Jesaia bei sich. ›Kritische Worte hört man nun einmal nicht gern.‹ Und doch konnte er nicht aufhören, so zu reden, obwohl sich auch bei ihm die ersten Zweifel einstellten. War es vielleicht doch nur Eitelkeit, die ihn so sprechen ließ? Die Eitelkeit, aufzufallen durch Worte, die sonst niemand sprach? War sein Aufbruch weniger von Gott gewollt, als vielmehr durch seinen Ehrgeiz in Gang gesetzt? Es war schwer, diesen Zweifeln standzuhalten. Jesaia merkte, daß etwas geschehen mußte.

Und dann geschah etwas. Es geschah etwas so Unerhörtes, daß er davor davongelaufen war. Seine anhaltende Atemlosigkeit erinnerte ihn daran, daß er dies alles nicht geträumt hatte. Nein, es war wirklich geschehen. Heute morgen im Tempel. Eigentlich begann der Tag wie so oft in den vergangenen Wochen. Er war durch die Straßen zum Tempel gegangen. Und wie meist hörte er auch diesmal die Leute tuscheln: »Da läuft er, unser selbsternannter Unheilsprophet!« »Lange hören wir uns das nicht mehr mit an!« »Warum die vom Tempel nicht durchgreifen?« Jesaia hatte, wie so oft, versucht wegzuhören. Und doch hörte er genau, was sie sagten. Traurig ging er weiter. Mutlosigkeit überfiel ihn, als er den Vorhof des Tempels betrat. »Gib auf!« hörte er eine Stimme hinter sich. Er drehte sich um, doch er sah niemand. ›Ich höre wohl schon Gespenster‹, sagte er zu sich.

Plötzlich stand er vor dem verschlossenen Allerheiligsten, das nur der Hohepriester einmal im Jahr betreten durfte. Und dann geschah es. Jesaia versuchte, sich genau

zu erinnern. Die Türen zum Allerheiligsten öffneten sich. Jesaia sah einen Thron, und er wußte, wer allein auf diesem Thron sitzen konnte. ›Wer Gott sieht, der stirbt.‹ Das wußte Jesaia. Und doch sah Jesaia, und er lebte. Er lebte so intensiv wie nie zuvor in seinem Leben.
›Muß es nicht heißen: Wer ihn sieht, der lebt?‹ fragte sich Jesaia. Und er hörte die Stimme Gottes. Ja, Jesaia wußte, daß Gott es war, der zu ihm sprach: »Wen soll ich als meinen Boten senden?« Als Jesaia diese Worte hörte, war es ihm, als machte sein Herz einen großen Freudensprung. Es war also keine Illusion. Nicht seine Eitelkeit hatte ihn getrieben. Gott selbst rief ihn an. Sein Aufbruch war der Weg, den Gott von ihm wollte.
Noch einmal war es Jesaia, als würden ihm jetzt und hier auf dem Ölberg die Sinne schwinden, so wie sie ihm heute morgen im Tempel geschwunden waren. ›Kann man Gott so nahe kommen?‹ fragte er sich noch einmal. Und plötzlich konnte er auch eine Antwort auf diese Frage geben: ›Ja, man kann. Oder vielmehr: Gott kann uns so nahe kommen. Besser noch: Gott will uns so nahe kommen. So wie er mir heute morgen nahegekommen ist.‹
Allmählich wurde Jesaia ruhiger. Er sah nun seinen Weg, an dem er heute morgen noch zu verzweifeln schien, in aller Deutlichkeit vor sich. Es war ein Aufbruch ins Ungewisse. Das wußte er. Es würde kein leichter Weg sein. Immer noch klangen die drohenden Worte der Menschen in seinen Ohren. Aber es war ein Aufbruch, den er nicht alleine antrat. Sie waren zu zweit. Gott war an seiner Seite.
»So kann man aufbrechen.« Mit diesen Worten erhob sich Jesaia, blickte kurz auf den Stein, auf dem er so lange gesessen hatte, und machte sich ruhig auf in Richtung Jerusalem.

A. G.

Jesus – Aufbruch in die Hoffnung

(Markus 1,14–20)

In gedrückter Stimmung saßen die drei Männer in der Nähe des Ufers. Ruhig lag der See Genezareth unter der Morgensonne, die die ersten warmen Strahlen auf das von der Nacht ausgekühlte Ufer sandte. Die Männer saßen auf kleinen Kisten, in die sie sonst die Fische legten, die sie in der Nacht fingen. Hinter ihnen waren einige Fangnetze zum Trocknen aufgehängt. Eine Idylle, so könnte man meinen. Doch bei näherem Hinsehen war zu bemerken, daß sich die drei Fischer betreten in die Augen blickten. Sie saßen in einem Kreis, der jedoch nicht geschlossen war. Zwei Kisten standen da, ohne daß jemand auf ihnen saß. Eine unheimliche Stille beherrschte die Szene.

Plötzlich unterbrach Ruben, der Älteste unter ihnen, die Stille. »Gestern noch saßen sie da.« Er sprach von Simon, der sie sonst immer mit seinen spannenden Geschichten unterhalten hatte, und von dessen Bruder Andreas, der eher mundfaul war, aber doch wußte, wo und wie draußen auf dem See zuzupacken war.

»Wie konnten sie uns einfach verlassen«, ergänzte Levi, dem das Boot gehörte, mit dem sie jede Nacht auf den See hinausfuhren.

»Ich habe noch gar nicht verstanden, was geschehen ist. Plötzlich lassen sie alles stehen und liegen und folgen diesem Fremden.« Jakob, der Jüngste unter ihnen, gerade dem Knabenalter entwachsen, sagte dies.

»Ich schon«, fiel ihm Levi ins Wort. »Sie hatten es einfach satt, diese Plackerei. Nacht für Nacht, oft auch bei drohendem Sturm, auf den See hinauszufahren, die Netze, die einem die Hände aufreißen, auszuwerfen und dann so manche Nacht ohne einen lohnenden Fang heimzukehren. Sie hatten es einfach satt. Ich versteh' das schon. Aber einfach davonzulaufen? Das verstehe ich nicht.«
»Ich glaube nicht, daß sie vor der Arbeit davongelaufen sind«, warf Ruben ein. »Dazu kenne ich die beiden zu lange. Vor allem Simon war ein leidenschaftlicher Fischer. Nie habe ich ihn in den zehn Jahren auch nur einmal klagen hören. Und sogar wenn wir ohne Fang am Morgen heimkehrten, lachte er oft nur und sagte: ›Dafür fangen wir kommende Nacht das Doppelte.‹ Nein, vor der Arbeit davongelaufen sind sie sicher nicht.«
»Aber warum sind sie dann weg?« fragte Jakob. »Ob das mit dem Fremden zu tun hatte?«
»Natürlich hat es damit zu tun«, antwortete ihm Ruben. »Wir haben doch alle gehört, was er zu ihnen sagte: ›Folgt mir nach, ich will euch zu Menschenfischern machen.‹«
Levi war bei diesen Worten unruhig geworden. Nervös verkrampfte er seine Finger ineinander. Plötzlich brach es aus ihm heraus: »Ich kann nicht verstehen, daß zwei erwachsene Männer mit einem gesunden Menschenverstand auf einen Scharlatan hereinfallen.«
»Was ist das – ein Scharlatan?« fragte Jakob und blickte Levi neugierig an.
»Einer, der die Leute an der Nase herumführt«, brummte dieser.
»Ich denke nicht«, fiel ihm Ruben ins Wort, »daß dieser Fremde ein Scharlatan ist. Ich habe erst gestern gehört, daß er in Kapernaum ...«

Mitten in seinen Worten wurde er durch zwei Männer unterbrochen, die das Ufer entlang auf sie zuliefen und ihnen schon von weitem Worte zuriefen, die sie allerdings nicht verstehen konnten.
»Es sind Samuel und Jehuda«, sagte Jakob, der sie als erster erkannte. Samuel und Jehuda waren Fischer wie sie, die ein paar Kilometer weiter im Norden ihr Boot und ihre Netze liegen hatten. Als sie näher kamen, wurden auch ihre Worte verständlich. »Sie sind weg! Sie sind weg!« riefen sie immer wieder.
»Das wissen wir ja schon!« sagte Levi ärgerlich. »Um uns das zu sagen, müssen sie nicht so weit rennen.«
»Sie sind mit ihm gegangen«, keuchte Samuel atemlos. Er setzte sich erschöpft auf eine der leeren Kisten. »Und ihren Vater ließen sie allein im Boot zurück.«
»Was faselst du da?« rief Levi ärgerlich. »Ihr Vater hat seit Jahren kein Boot mehr betreten. Dazu ist er viel zu krank.«
»Von wem sprecht ihr? Wessen Vater ist seit Jahren krank?« Jehuda klang recht erstaunt, als er diese Fragen stellte.
»Von Simon und Andreas«, antwortete Levi, »die uns gestern verlassen haben.«
Bei diesen Worten Levis sprang Samuel auf. Er rang nach Luft. Man konnte ihm ansehen, daß er sich kaum mehr unter Kontrolle hatte. Und so brach es aus ihm heraus: »Was? Die auch? Gestern abend tauchte dieser Fremde auf, und Jakobus und Johannes, die immer im Boot neben uns auf den See fuhren, ließen ihren Vater mit den Knechten allein im Boot und folgten diesem Fremden. Sie konnten nicht einmal warten, bis das Boot am Ufer war, sondern sprangen einfach über Bord und schwammen ans Ufer. Kaum, daß sie ein Wort des Abschieds für

ihren Vater fanden. Ich weiß nicht, wie der Alte diesen Schlag überleben soll.«
Eine bedrohliche Stille beherrschte die Szene. Stumm saßen die Männer auf den Kisten. Einer stocherte im Sand, der andere nestelte an einem Seil. Mehrere Minuten lang dauerte diese Stille, bis sie durch Ruben unterbrochen wurde: »Ich denke, wir sollten uns bemühen zu begreifen, was geschehen ist. Es kann ja nicht sein, daß vier erwachsene Männer auf einen Schlag den Verstand verlieren und einem Scharlatan nachlaufen.«
»Ein Scharlatan ist das bestimmt nicht«, sagte Jehuda. Jehuda war erst vor ein paar Jahren zu den Fischern am See Genezareth gestoßen. Von seiner Vergangenheit wußte man nicht viel. Auf jeden Fall mußte er viele Jahre in Jerusalem gelebt haben. Und man munkelte, daß er sich auch gewisse Zeit den Widerstandskämpfern in den Bergen, den Zeloten, angeschlossen hatte. Dann war er eines Tages am See aufgetaucht und hatte sich als ein zuverlässiger und sachkundiger Fischer erwiesen.
»Ein Scharlatan ist das bestimmt nicht«, wiederholte Jehuda auf sehr bestimmte Weise. »Ich habe schon einiges gehört von diesem Jesus von Nazareth. Er ähnelt den Propheten, von denen uns aus alten Tagen erzählt wird.«
»Propheten gibt es auch heute noch«, warf Levi aufgeregt ein. »Die Leute erzählen von einem Johannes, der die Menschen am Jordan tauft und sie zur Umkehr, zum Aufbruch in ein neues Leben aufruft.«
»Ja, ja«, unterbrach ihn Jeduha. »Mit diesem Johannes hat er schon Ähnlichkeit – und doch auch wieder nicht. Es scheint so, daß dieser Jesus noch ganz anders von Gott redet als Johannes. Johannes spricht von Gott als dem, der der Welt in einem schrecklichen Gericht ein Ende

setzt, und erst danach eine andere, neue, bessere Welt schaffen wird. Jesus von Nazareth aber spricht ganz anders von Gott. Dieser Gott ist, so wie Jesus von ihm erzählt, uns allen ganz merkwürdig nahe. Wie ein guter Vater oder eine tröstende Mutter ist da plötzlich Gott. Manchmal scheint es, wenn man Jesus reden hört, als wäre es das Selbstverständlichste auf der Welt, wenn Gott nun gleich um die Ecke käme, und alles gut würde.«

»Vom Gut-Werden haben doch Simon und Andreas auch immer geredet«, sagte Jakob ganz aufgeregt, der den Worten des Jehuda mit großer Aufmerksamkeit gefolgt war.

»Das ist wahr«, pflichtete ihm Ruben bei. »Sie haben sehr gelitten unter dem, was wir Tag für Tag erleben: Die Römer als Besatzungsmacht im Land. Eine Oberschicht, die nur auf ihren Vorteil aus ist und deshalb mit ihnen zusammenarbeitet. Dabei werden die Armen immer ärmer. Vor den Gerichten wird kaum noch wirklich Recht gesprochen. Es gilt dort das Recht des Stärkeren. Und bei all dem streiten sich die Theologen in Jerusalem nur noch untereinander, als ob es nichts Wichtigeres zu sagen gäbe. Um die Nöte und Sorgen der einfachen Leute scheinen sich nur die Widerstandskämpfer in den Bergen zu kümmern, und doch bringen auch diese nur Leid und Tränen über uns, und es ändert sich überhaupt nichts. Simon hat oft gesagt: ›Wenn doch wieder ein Prophet käme wie Elia oder Jesaia, wie Amos oder Jeremia. Oder vielleicht auch gleich der Messias, von dem Jesaia erzählt. Der den Frieden bringt. Den Frieden und die Gerechtigkeit auf Erden und den Frieden zwischen Gott und den Menschen.‹ Und weißt du noch, Levi, wie du dann oft eingewandt hast: ›Die alten Geschichten helfen uns nicht weiter.‹ Und wie sie dann beide recht ärgerlich geworden

sind und dich sogar einmal über Bord warfen, als du sie allzusehr verspottet hattest?«
»Vielleicht hätte ich das auch nicht tun sollen. Vielleicht wären sie dann bei uns geblieben.« Levi wirkte plötzlich sehr betroffen.
»Mach dir keine Sorgen«, sagte Ruben mit fester Stimme. »Ich denke, sie haben in diesem Jesus einen gefunden, der die alten Geschichten von Gott so ernst nimmt, wie sie selbst es tun.«
»Ja, sicher!« fiel ihm Jehuda ins Wort. »Jesus hat diese alten Geschichten nicht nur sehr ernst genommen. Er hat selbst Geschichten von Gott erzählt, die diese alten Geschichten weitererzählt haben und sie in ein ganz neues Licht rückten. Plötzlich waren das gar keine alten Geschichten mehr, sondern Geschichten von unserem Leben, von unseren Sorgen und unseren Hoffnungen.«
Nachdenklich saßen die Männer im Kreis. Sie merkten, daß sich in den letzten Minuten etwas unter ihnen verändert hatte. Ihr Ärger über die beiden Brüderpaare, die sie verlassen hatten, war eher einem Verständnis gewichen. Sie merkten plötzlich, daß in Simon, Andreas, Jakobus und Johannes eine Hoffnung brannte, die ihnen selbst auch nicht fremd war.
Jakob blickte auf Ruben. Er sah auf Rubens Lippen ein freundliches Lächeln. Ruben sagte in die Stille hinein: »Es war keine Flucht, als die vier weggingen. Es war ein Aufbruch. Ein Aufbruch in die Hoffnung hinein. In eine bessere Geschichte, die ihnen in diesem Jesus von Nazareth begegnet ist. Vielleicht kehren sie eines Tages zu uns zurück und erzählen uns diese neue Geschichte, die sie nun selbst miterleben...«

A. G.

Maria – Aufbruch im Verborgenen

(Lukas 1–2)

Anna, Marias Mutter, erzählt:

Nun sind wir alle in Jerusalem. Wir wollten Passah feiern, wollten daran denken, wie Gott, der Herr, seinem gequälten Volk in Ägypten geholfen hatte.
Maria aber, meine Tochter, wird nichts zum Feiern haben. Sie hat sich nach Golgatha aufgemacht, um bei ihrem Erstgeborenen zu sein. Er soll ans Kreuz geschlagen werden. Und Maria, seine Mutter, ist nicht davon abzubringen, dies mit anzusehen.
Das wird der letzte Schmerz sein, den dieser Sohn ihr bereitet. Immer wieder und von Anfang an hat er sie an den Rand ihres Lebens gebracht. Jetzt tut er das noch einmal. Aber er tat es auch schon, als alles begann.
Damals, als wir Maria, meine Tochter, mit Josef verlobt hatten. Der war uns recht gewesen, denn er entstammte dem Geschlecht Davids. Reich war er nicht, war ein Handwerker in Nazareth. Darum fiel seine Herkunft für Joachim, meinen Mann, und mich um so mehr ins Gewicht. Und auch Maria war wohl zufrieden. Mit jedem wäre sie nicht einverstanden gewesen. Immer hat sie das Besondere gewollt, meine Maria, die ja selbst kein gewöhnliches Kind war.
Still war sie schon, als sie noch ein kleines Mädchen war, war mir sogar fremd und unheimlich, wenn sie so verträumt und nicht ansprechbar vor sich hinsah. Aber

bezaubernd und herzlich war sie, wenn sie lachte, und aus ihren Augen tausend Funken sprühten. Dann wieder fand ich sie eigensinnig und unerträglich trotzig. Ganz plötzlich konnte sie sich einpuppen in ein Gedankengespinst, und wehe dem, der sie daraus aufstörte. Zugute halten muß ich meiner Tochter Maria allerdings, daß sie selten in ihrem Eigensinn verharrte. Sie konnte sich auch fügen und dann sogar die Sonnenflecken finden, die auch auf mühsame Wege fallen.
Sie fragte viel. Von klein auf war sie eines der wißbegierigsten Mädchen, die ich je gesehen habe: Wo immer sie etwas gehört hatte von Sara, von Rahel und Lea – Maria wollte mehr hören. Auch nach David fragte sie immer wieder. Später kannte sie dann all die Geschichten auswendig, die wir uns von ihm erzählten, und sie wußte auch von den Hoffnungen, die mit seinem Geschlecht verbunden sind. Das Ende allen Elends würde von einem Sproß seines Hauses kommen, das war meiner Tochter wohlbekannt.
Alles mögliche schnappte sie auf, meine kleine Maria. Lange beschäftigte sie sich dann damit und überraschte mich irgendwann später mit einer Äußerung, die mir zeigte, wie ernst sie all das nahm, was sie von unseren heiligen Schriften wußte. Viel davon erfuhr sie am Sabbat in der Synagoge, aber auch dann, wenn wir aus Jerusalem Besuch hatten. Zacharias, der Priester war am Tempel in der heiligen Stadt, gehörte zu unserer Familie, und zusammen mit seiner Frau Elisabeth war er des öfteren bei uns. Und wenn Joachim, mein Mann, und Zacharias sich unterhielten, dann hörte Maria ihnen zu.
Einmal hörte ich, wie sie leise vor sich hinsprach, was Zacharias gerade als ein Wort des Propheten Jesaia in Erinnerung gerufen hatte: »Und es wird ein Reis aufge-

hen von dem Stamm Isais, und ein Zweig aus seiner Wurzel Frucht bringen; auf welchem wird ruhen der Geist des Herrn, der Geist der Weisheit und des Verstands, der Geist des Rats und der Stärke, der Geist der Erkenntnis und der Furcht des Herrn. Und Wohlgeruch wird ihm sein die Furcht des Herrn. Er wird nicht richten, nach dem seine Augen sehen, noch Urteil sprechen, nach dem seine Ohren hören, sondern wird mit Gerechtigkeit richten die Armen und recht Urteil sprechen den Elenden im Lande« (Jes 11,1–4).

Ich verstand wohl, daß diese Worte meine Tochter besonders berührt haben, denn vieles, das spürte ich, tat ihr weh. Sie sprach nicht über diese Dinge, klagte nicht. Das meiste von ihrem Schmerz sah ich ihren Blicken an. Als sie das erste Mal in Kapernaum auf durchreisende elegante Damen mit ihren Töchtern stieß, da konnte meine Maria ihre Augen gar nicht von den prächtigen Gewändern der Damen und den Kleidern der kleinen Mädchen lassen. Groß vor Verlangen wurden Marias Augen in diesem Moment. Sie blickte zur Erde, wohl auch auf ihr eigenes Kleid, das nicht kostbar war, das niemanden zum langen Hinsehen einlud. Ein Kleid war das eben, das die Blöße bedeckte und vor Sonne und Wind schützte. Sie befühlte dann noch den Stoff ihres Rockes, und ich hörte sie tief atmen. »Er wird nicht richten, nach dem seine Augen sehen, noch Urteil sprechen, nach dem seine Ohren hören«, sagte sie plötzlich. Da nahm ich sie an der Hand und ging weiter.

Mir ist noch eine Begebenheit in Erinnerung, an der mir aufging, wie tief die Worte der Schrift in das Herz meiner Tochter eingedrungen waren. Das war kurz nachdem unsere Nachbarn nach Ägypten, nach Alexandrien, gezogen waren, weil unser Land sie nicht mehr ernähren

konnte. Damals waren Zacharias und Elisabeth wieder zu Gast bei uns.
Joachim war verzweifelt in jenen Tagen. Bei uns sah es nicht viel besser aus als bei den Nachbarn. Wir fürchteten die Boten der Geldleiher, die Zins fordern würden. Sorgenvoll starrte mein Mann abends oft zu Boden. Da auf einmal sagte Zacharias in die Stille hinein das alte Lied der Hanna.
Hanna, Samuels Mutter, hatte erfahren, daß das Elend nicht ewig währt, und daß alle Not ein Ende finden wird. »Die da satt waren, sind ums Brot Knechte geworden, und die Hunger litten, hungert nicht mehr« (1. Sam 2,5), sagte Zacharias dem Joachim, an Hanna denkend. Und weiter sagte er noch mit den Worten der Hanna: »Er hebt auf den Bedürftigen aus dem Staub, und erhöhet den Armen aus dem Kot, daß er ihn setze unter die Fürsten, und den Thron der Ehren erben lasse« (1. Sam 2,8).
Maria, meine Tochter, war dabei: sie, die lange unseren Nachbarn nachgesehen hatte, als diese aufbrechen mußten, um in der Fremde ihr Heil zu suchen. In jenen Tagen hatte sie so oft furchtsam zum Tor geblickt, als erwarte sie Geldeintreiber, die uns das Notwendigste pfänden würden. An diesem Abend nun mischte Maria sich in das Gespräch der Männer ein. Das war das erste Mal, daß sie das tat. Und sie tat es mit einer solchen Ernsthaftigkeit, daß niemand daran Anstoß nahm. Maria bat, Zacharias möge wiederholen, was er gerade gesagt hatte. Ohne jeden Widerstand, ja sogar mit ein bißchen Freude in der Stimme, kam Zacharias der Bitte meines kleinen Mädchens nach. Und sprach noch einmal die Worte, mit denen er Joachim hatte trösten wollen.
Wir sind noch einmal davongekommen, in jenem bitteren Jahr, als wir alle mit Armut kämpfen mußten. Wir

richteten uns ein in der Knappheit, holten die letzten Kräfte aus uns heraus, nur um nicht aufgeben zu müssen. Maria wurde in jenen Monaten heiratsfähig. Es gelang wider Erwarten schnell, einen Mann zu finden, der trotz der schlechten Zeit eine Familie gründen und Maria zur Frau nehmen wollte. Josef eben aus dem Geschlecht Davids. Wir waren froh darüber. Und nicht nur, weil Josef eine so vornehme Abstammung vorzuweisen hatte. Ich jedenfalls war auch deshalb froh, weil es in absehbarer Zeit eine weniger im Haus geben würde, die satt zu machen war.
Maria übrigens schien die Bewerbung des Josef auch außerordentlich recht zu sein. Sie schloß sich unserer Zustimmung gern an. Und Josef schien zufrieden, konnte das auch sein. Maria nämlich war ein junges Mädchen geworden, das die Blicke fesselte – auch ohne prachtvolle Gewänder. Das machte ihr glänzendes Haar, ihre dunklen Augen und der volle Mund, die blitzenden Zähne. Liliengleich war Maria geworden, dazu noch gesund und wahrlich nicht auf den Kopf gefallen. Jeder Mann, dem sie mit Rat und Tat zur Seite stehen würde, konnte sich glücklich schätzen.
Josef machte einen glücklichen Eindruck. Ihm lag an Maria. Er stellte sich auch schützend vor sie, wenn er zufällig mitbekam, daß ich ihr gegenüber die Geduld verlor. Manchmal nämlich in jenem Jahr, als Maria Josef schon als Frau versprochen war, aber noch bei uns im Haus wohnte, fiel es mir schwer, die Unzugänglichkeit meiner Tochter auszuhalten. Ihr In-sich-gekehrt-Sein und ihre Rätselhaftigkeit machten sie mir besonders in den ersten Wochen ihrer Verlobung regelrecht fremdartig, so daß ich mich manchmal beinahe vor meinem eigenen Kind fürchtete.

Josef aber ließ Maria nie ihre Fremdheit spüren. Er schätzte sie immer, und Maria dankte es ihm. Nicht durch viele Worte. Bei ihr genügte manchmal ein Blick, eine einzige Bewegung mit den Augen, und man verstand, was sie sagen wollte.

Es kam dann eine kurze, rätselhafte Zeit, in der meine Tochter mir nicht fremd war. In jenen Wochen, oder waren es nur Tage, da war sie nichts als angenehm, war auf eine wunderbare Art ruhig und herrlich sanft. Das muß kurz vor ihrem Aufbruch nach Jerusalem gewesen sein. In jener kurzen Zeit suchte sogar ich die Nähe meiner Tochter. War ich eine Weile bei ihr gewesen und machte mich dann wieder an meine Geschäfte, dann fühlte ich mich eigentümlich erquickt, zufrieden und ohne Furcht.

Als Maria uns dann mit der Bitte überraschte, nach Jerusalem ziehen zu dürfen zu Zacharias und Elisabeth, hatten wir nichts dagegen einzuwenden. Elisabeth war, obwohl das bei ihr niemand mehr erwartet hatte, doch noch schwanger geworden. Sie und Zacharias warteten damals in großer Freude auf das Kind. Sie würde allerdings Hilfe gebrauchen können, und deshalb erfüllten wir Marias Wunsch, obwohl ich es nicht gewohnt war, daß meine Tochter sich so allein auf den Weg in die ferne Stadt machte. Dort aber würde sie sich im Hause des Zacharias in guter Obhut befinden. Warum also sollten wir sie zurückhalten, zumal sie sich mit Elisabeth immer gut verstanden hatte, und diese sie, so dachte ich, auch ein bißchen auf die Ehe vorbereiten konnte? Letzteres nämlich, das wußte ich, kann eine Außenstehende manchmal besser als eine Mutter. Ich muß noch zugeben, daß es ohnehin schwer war, meiner Tochter etwas abzuschlagen. Hatte sie sich einmal etwas in den Kopf gesetzt,

so ruhte sie in der Regel nicht, ehe sie dafür freie Bahn hatte.
Wir ließen sie also reisen, Joachim und ich. Und auch Josef, den ich so lange für den Vater meines ersten Enkelsohnes hielt, hatte nichts dagegen einzuwenden. Was in Jerusalem geschah und auch das, was schon in Nazareth geschehen war, hat mir Elisabeth erst vor kurzem anvertraut. Sie, die ihren eigenen Sohn so voller Freude erwartet hatte, und dann erleben mußte, wie er zermalmt wurde, ein Spielzeug in der Hand der Mächtigen, sie hatte wohl nie aufgehört, auf Jesus zu setzen. Auf diesen Sohn der Maria, der dem Leben meiner Tochter den Stempel aufgedrückt hat. Manchen Tag hatte er es Maria schwer gemacht, erhobenen Hauptes durch Nazareth zu gehen. Nie hatte sich Elisabeth daran beteiligt, wenn sie in ihren Gesprächen über Jesus hergefallen waren, wenn sie sich das Maul zerrissen über seinen Lebenswandel. Und wenn Maria dann stumm dabeisaß und kein Wort zu seiner Verteidigung fand, dann schickte Elisabeth sich an, sich neben sie zu setzen. Maria und Elisabeth, die standen einander bei in solchen Situationen, das sah ich wohl. Aber warum das so war, das habe ich all die Jahre nicht begriffen.
Erst in den letzten Tagen, als auch ich voll Bitterkeit über Jesus zu reden begann, da nahm mich Elisabeth beiseite. »Anna, ich will dir etwas erzählen«, sagte sie zu mir. Und was sie mir dann erzählte, das nahm mir schier den Atem. Das rückte all die letzten Jahre in ein ganz neues Licht. Und noch einmal muß ich, die ich doch schon eine alte Frau bin, nachdenken über die letzten Jahrzehnte.
Ihre Schwangerschaft damals, so erzählte Elisabeth, war mit einer großen Verheißung verbunden. Sie wußte, daß sie einen in sich trug, der die Herzen der Menschen

wieder Gott, dem Herrn zuwenden würde. Dieses Wissen machte sie beide stolz, sie und Zacharias. Aber sie ahnte auch, daß da, wo Herzen geöffnet würden, auch noch einer kommen müsse, für den die Herzen bereit sein sollten. Und den, diesen Kommenden, den spürte sie, als Maria über ihre Schwelle getreten war hier in Jerusalem. Ja, sie erkannte sofort, daß Maria, die doch noch nicht im Hause des Josef lebte, schwanger war. Ein Gruß war ihr dann über die Lippen gekommen, der war ihr eingegeben. Durch ihre eigenen Worte wurde ihr eigentlich erst bewußt, wer da in ihr Haus getreten war. »Gesegnet seist du unter den Weibern, und gesegnet sei die Frucht deines Leibes!« So hatte sie zu Maria, meiner Tochter gesagt.
Daß Marias Kind nicht nur einer sein würde, der Wege bahnen würde, sondern einer, der anders als wir und in einer völlig neuen Weise über die Erde gehen würde, das sprach sie, Elisabeth, aus. Und das war ihr selbst neu. Das sagte mir Elisabeth ein zweites Mal, als wundere sie sich noch immer darüber. Maria aber bestätigte ihr damals, was ihr längst Gewißheit war.
Maria wies die Ehrerbietung nicht zurück, obwohl sie die von der Älteren eigentlich nicht entgegennehmen durfte. Aber im Gegenteil – sie setzte die Worte der Elisabeth selber fort, ja steigerte sie noch. »Ich habe deiner Tochter die Zunge gelöst«, sagte Elisabeth zu mir, »und deine Tochter hat ein Lied angestimmt. Ein Lied voller Vergangenheit. Fast«, so fuhr Elisabeth fort, »fast war's mir damals, als stünde Hanna vor mir, Hanna, die glücklich war, weil sie, die Unfruchtbare, einen Sohn zur Welt gebracht hatte. Und doch«, so sagte Elisabeth weiter, »da war nichts nach rückwärts gewandt. Maria sah so froh nach vorn und der Zukunft entgegen, als sie ihr Lied sang. Voller Selbstgewißheit war sie und doch ohne

Überheblichkeit.« Sie war damals, so beschrieb es Elisabeth, wie eine Braut, die gerade viel Zärtlichkeit erfahren hatte und noch ganz davon eingehüllt war.
Das Herz war Maria an der Schwelle von Elisabeths Haus übergeflossen, und sie wagte es, von sich zu sagen, was wohl noch nie eine Frau von sich gesagt hatte und wohl auch nie mehr eine sagen wird.
Sie begann und sprach: »Meine Seele erhebt den Herrn. Und mein Geist freuet sich Gottes, meines Heilands. Denn er hat die Niedrigkeit seiner Magd angesehen. Siehe, von nun an werden mich selig preisen alle Kindeskinder. Denn er hat große Dinge an mir getan, der da mächtig ist, und des Name heilig ist. Und seine Barmherzigkeit währet immer für und für bei denen, die ihn fürchten. Er übt Gewalt mit seinem Arm, und zerstreut, die hoffärtig sind in ihres Herzens Sinn. Er stößt die Gewaltigen vom Thron, und er erhebt die Niedrigen. Die Hungrigen füllt er mit Gütern, und läßt die Reichen leer. Er denket der Barmherzigkeit, und hilft seinem Diener Israel auf. Wie er geredet hat zu unseren Vätern, Abraham und seinem Samen ewiglich« (Lk. 1,46–55).
So hatte meine Tochter geredet, sagte Elisabeth. Und fügte dies hinzu: »Normalerweise wäre ich erschrocken, hätte ich von einem Menschen solches gehört. Maria, die noch nicht in das Haus ihres Mannes gezogen, aber schon schwanger war, ließ keinen Zweifel am Wissen um ihre Erwählung. Dies war ihr so selbstverständlich wie mir.«
Drei Monate waren Elisabeth und Maria zusammengewesen. Und in diesen drei Monaten hatte Maria Elisabeth anvertraut, was sie sonst keinem Menschen anvertraut hatte. Das, was sie viele Tage schon ganz allein in sich bewegt hatte, das teilte sie nun der Mutter des Kindes mit, das dem ihren den Weg bereiten sollte.

Maria erzählte Elisabeth vom Ursprung ihrer Schwangerschaft. Das muß meine Tochter auf eine sehr beeindruckende Weise getan haben, denn Elisabeth erinnerte sich noch ganz genau an das, was sie zu hören bekam. Und das war dies:

An einem Nachmittag jenes Jahres, in dem Maria dem Josef schon verlobt war, mußten wir alle außer Haus gewesen sein. Nur Maria war daheimgeblieben, damit nichts passierte während unserer Abwesenheit. Sie war gerade dabei, einen Strauß Lilien neu zu ordnen, da veränderte sich das Licht plötzlich. Strahlend und voll fiel es auf einmal in das Zimmer, legte sich mild und sanft um alle Dinge. Maria war es, als hätte alles im Haus mit einem Schlag den Platz gefunden, an den es gehörte, und ihr war, als kehrte nun alles das Eigenste und das Schönste, das es in sich trug, nach außen.

Meine Tochter wagte in diesem Moment kaum zu atmen, die Zeit schien stillzustehen. Und dann hörte sie einen Gruß. Jemand sagte zu ihr: ›Gegrüßest seist du, Holdselige! Der Herr ist mit dir, du Gesegnete unter den Frauen.‹ Maria war erschrocken über die Anrede, wußte sie doch nicht, wie sie dazu kam, so als Ausgezeichnete angesprochen zu werden. Sie hörte aber auch, daß sie sich nicht fürchten solle, da Gott um sie sei. Ihr sei ein Sohn angekündigt worden, den sie Jesus nennen solle. Der sei der verheißene Retter Israels. Man würde ihn einen Sohn des Höchsten nennen, und Gott, der Herr, werde ihm den Thron seines Vaters David geben.

Als sie dies hörte, war alle Furcht von ihr gefallen. Aber da sie ohne Furcht war, erinnerte sie sich auch an ihren gesunden Menschenverstand und konnte Fragen stellen. Wie könne sie denn einen Sohn zur Welt bringen, wenn sie doch mit keinem Mann zusammengewesen sei, fragte

sie. Da hörte sie, daß ihr Sohn nicht von einem Mann kommen solle.
Über das, was dann geschah, konnte sie nichts sagen. Sie konnte auf jeden Fall dem nichts entgegensetzen, was da auf sie zukam. Sie ließ zu, was sie aufhob und wegtrug wie das Wasser am Ufer ein Blatt. Was dann über sie hinwegzog, das löste sie, nahm ihr alle Fesseln. Und auch als sie sich später in der Familie wieder zusammennehmen mußte, da war ihr doch noch etwas geblieben von dieser inneren Ungebundenheit. Von der Unbeschwertheit, die ihren Anfang nahm, als das Licht die Dinge um sie herum zum Leuchten gebracht hatte.
Es war ihr dann trotzdem schwergefallen, so weiterzuleben, als sei nichts geschehen. Sie habe sich gefühlt, als habe sie längst eine neue Welt betreten, mußte aber doch täglich mit den alten Nöten zurechtkommen. Zudem mußte sie schweigen über das, was ihr widerfahren war, denn sie konnte dafür kein Verständnis erwarten. Sie brachte also kein Sterbenswort davon über die Lippen, wußte aber, daß sie die Einsamkeit des Nicht-reden-Dürfens über das, was sie im Innersten in Bewegung gebracht hatte, nicht lange aushalten konnte.
Deshalb war sie aufgebrochen zu Elisabeth, denn von der habe sie sich ein ›Ja‹ zu ihrer Geschichte erhofft. Ihr, Elisabeth, war ja auch etwas geschehen, was alle Erwartungen gesprengt hatte.
Mich kränkte das Schweigen meiner Tochter. Das beschäftigte mich mehr, als mich ihre Schwangerschaft wunderte. Denn ich war zu alt, um mich über Derartiges noch wundern zu können, habe zu viel gesehen, um noch meinen zu können, es gäbe keine Überraschungen.
Ich war eifersüchtig auf Elisabeth, weil meine Tochter ihr mehr vertraut hatte als mir – selbst jetzt, mehr als 30 Jahre

später, tat mir das noch weh. Zugleich verstand ich Maria auch. Was hätte ich ihr schon geben können?

Meine Sorge hätte ich ihr vorgehalten, meine Angst. Ich hätte sie gefragt: »Was ist, wenn Josef sich weigert, die Vaterschaft für dieses Kind zu übernehmen?« Was ist, wenn Josef sie des Betrugs bezichtigte? Das wären meine ersten Gedanken gewesen, hätte Maria mir damals ihr Herz ausgeschüttet.

Ich hätte dann um das Leben meiner Tochter bangen müssen, hätte man sie, was wegen ihres Verlöbnisses an Josef rechtens gewesen wäre, einem harten Verhör ausgesetzt, um ans Tageslicht zu bringen, ob sie sich gegenüber Josef schuldig gemacht hatte. Die Angst um das Leben meiner Tochter hätte mich kopflos gemacht, hätte mir Maria damals eröffnet, was geschehen war und was sie hatte geschehen lassen.

Bei Elisabeth aber war diese Wahrheit gut aufgehoben, das verstand ich wohl, denn Elisabeths Geschichte war ja ebenfalls eine Geschichte, die bei den Leuten, die nur auf den gesunden Menschenverstand setzten, auf steinigen Boden fallen würde. Mittlerweile bin ich meiner Tochter sogar dankbar, daß sie sich damals zu Elisabeth flüchtete. Sie ersparte mir damit viel Angst und Sorge.

Als Maria dann aus Jerusalem zurückkam, das war kurz vor der Geburt des Johannes, den sie später den Täufer nannten, da war übrigens keine Zeit mehr fürs Grämen und Fürchten. Die Dinge entwickelten sich dann ungeheuer schnell.

Damals aber hatten wir nicht viel Zeit zum Überlegen. Denn Marias Hochzeit und eine Reise waren vorzubereiten. Es hieß, der Kaiser in Rom wolle sein Volk schätzen lassen. Ein jeder sollte sich an dem Ort zählen lassen, an dem von alters her sein Haus stand. Das bedeutete für viele beschwerliche Reisen, denn wir alle suchten unser Auskommen ja längst in anderen Dörfern und Städten als unsere Vorväter.

Josef kam aus dem Hause Davids, aus Bethlehem. Dorthin mußte er also mit Maria, seiner Frau, ziehen. »Maria und ich, wir gehen nach Bethlehem«, so eröffnete er uns kurz vor dem Ende der Verlobungszeit.

Das war gerade an dem Tag, an dem mir die Schwangerschaft meiner Tochter bereits aufgefallen war. Oder besser: an dem Tag, an dem mir der Verdacht gekommen war, meine Tochter könnte schwanger sein. Ich wollte das aber nicht wahrhaben, weigerte mich, zu glauben, daß meine stille und ehrbare Tochter von dem Weg abgewichen sei, der Gott, unserem Herrn, gefällt. Ich beruhigte mich ständig selbst an jenem Tag, zog nicht einmal in Erwägung, daß Josef nicht der Vater des Kindes sein könnte. Meine Angst mußte sich auch gar nicht erst verdichten zu einer alles verdunkelnden Wolke, denn Josef stellte sich klar vor Maria. Er tat dies, obwohl, das mußte ich bei genauem Hinsehen zugeben, ihr Zustand nicht mehr zu leugnen war. Josef aber machte keine Anstalten, Maria alleine zu lassen. Zweifel an seiner Vaterschaft waren mir daher nie gekommen. Jedenfalls nicht bewußt. Es mag sein, daß ich meine Tochter in den folgenden Wochen ab und an doch nachdenklich und prüfend ansah, insgeheim doch unsicher wegen der Schwangerschaft. Maria aber antwortete dann immer mit einem Blick ohne jede Scham oder Scheu. Zu verbergen oder bereuen hatte sie offenbar nichts. Und das Kind, das sie in sich trug, war ihr eindeutig keine Last, sondern Grund zu Freude und Stolz.

Kalt kann da der Weg in den Süden sein, unerbittlich können Wind und Regen den Wandernden ins Gesicht schlagen. Angenehm, das haben Maria und Josef mir später erzählt, muß ihre Reise tatsächlich nicht gewesen sein. Aber die beiden hatten damals so wunderbare Dinge erlebt, daß sie die Anstrengungen des Weges nur am Rande erwähnten.

Als sie später heimkamen und das Kind Jesus schon bei sich hatten, da waren sie noch ganz erfüllt von dem, was ihnen widerfahren war. Ausführlich erzählten beide davon, kamen in den ersten Jahren sogar öfters wieder darauf zu sprechen. Erst als Jesus erwachsen war und sich so ganz anders entwickelte, als sie das erwartet hatten, da wurden sie schweigsamer, Maria und ihr Mann.

Ich aber, ich habe ihre Erzählungen noch so gut im Ohr, daß ich von der Geburt Jesu berichten kann, als wäre ich selbst dabeigewesen. So weiß ich zum Beispiel, daß plötzlich Hirten in der armseligen Unterkunft, die Maria und Josef für die Geburt gefunden hatten, aufgetaucht waren.

Wundersames hatten diese Männer zu berichten. Sie hatten ihre Herde allein in der Nacht gelassen, weil ihnen da draußen plötzlich ganz eigenartig zumute gewesen war. Ein Leuchten war auf sie herabgekommen, und Glanz hatte sich auf ihr dunkles Feld gelegt. Die Tiere waren auf einmal still geworden und ganz ruhig. Sie selbst hatte zunächst große Furcht befallen, aber dann war eine Sanftmut in ihre Herzen eingezogen, wie sie sie noch nie gespürt hatten. Unerklärliche Freude hatte sie alle erfaßt, und es war ihnen, als schicke sie jemand von der Herde fort hin zu diesem Stall und zu jenem Kind im Stroh. Lobgesänge, wunderbare Töne hatten sie alle gehört und zum Schluß noch diese Worte: ›Ehre sei Gott in der Höhe, und Friede auf Erden, und den Menschen ein Wohlgefallen‹ (Lk 2,14)!

Das hatten die Hirten berichtet. Maria erzählte mir das ohne Prahlerei, ohne einen Anflug von Triumph oder Selbstgefälligkeit. Sie erzählte es so, als sei nichts selbstverständlicher gewesen als der Besuch der Hirten, die ihre Herde verließen, um Marias Kind zu sehen. Davon erzählte Maria so, als habe sie nichts anderes erwartet, als daß diese Männer von ihrer Aufgabe weg zu diesem armseligen Ort der Geburt ihres Kindes geschickt würden.

Anderes als Herzerwärmendes aber mußte Maria in den letzten Jahren erleben. Da kam soviel ›Nein‹ von Jesus, und wo er ›Ja‹ sagte und sich den Menschen zuwandte, da wurde er uns erst recht fremd.

Dies machte mich nicht zornig, weil ich zu alt bin zum Zorn, es machte mich nur ratlos und traurig, mag sein auch gespannt. Denn lange hoffte ich noch, daß die Dinge sich ändern würden, und daß sich wieder etwas von dem Frieden einstellte, der bei seiner Geburt um Jesus gewesen war. Meine Hoffnungen haben sich nicht erfüllt.

Maria aber läßt trotzdem nicht von diesem Sohn. Sie, die in den letzten Monaten wieder so unzugänglich und verschlossen war, hat sich nun noch einmal auf den Weg gemacht. Auf den Weg zu dem, den sie ans Kreuz schlagen. Denn auch da bleibt er ihr Sohn. Auch am Kreuz. Dahin ist sie jetzt aufgebrochen. Maria, meine Tochter. *E. G.*

Die Emmausjünger – Aufbruch aus der Mutlosigkeit

(Lukas 24,13–35)

Stumm gingen die beiden Männer das Tal hinunter. Hinter ihnen lag Jerusalem, über das die helle Sonne des Vormittags schien. Die Schritte der beiden Männer waren nicht hastig, wohl aber entschlossen. Man sah ihnen an, daß sie ein Tagesziel hatten, das sie auf jeden Fall erreichen wollten. Der ältere der beiden Männer war Kleopas, der jüngere, der vom Altersunterschied her sein Sohn hätte sein können, trug den Namen Simeon.

Erst als Jerusalem schon lange am Horizont hinter ihnen verschwunden war, fielen die ersten Worte zwischen den beiden.

»Welch ein Ende!« begann Kleopas. »Welch ein Ende! Und dabei standen so viele Hoffnungen am Anfang. Ich erinnere mich noch genau, wie alles anfing damals in Galiläa. Wie Jesus in einer neuen, bisher so noch nie gehörten Weise über Gott redete. Die Menschen haben sich ihm, beinahe wie von selbst, angeschlossen. Es war so, als wollten sie immer mehr von ihm hören. Sie konnten sich nicht satthören. Wie kleine Kinder waren sie, die, wenn man zu erzählen anfängt, nie genug bekommen können. Ja, wie Kinder sind wir alle in seiner Gegenwart geworden. Vielleicht hat Jesus deshalb so oft von Gott als einem guten Vater gesprochen. Oder sind wir erst deshalb zu Kindern geworden, weil uns hier einer wirklich zeigte, was ein guter Vater ist? Kein herrischer Despot, keiner, der blinden Gehorsam verlangt. Sondern ein aufmerksamer, liebevoller, warmer Vater. Ein Vater beinahe wie eine Mutter, ein sanfter Freund, eine zärtliche Freundin...«

Kleopas verstummte. Er war ins Nachdenken gekommen. Und am Ende stieß er dann wieder auf seine Traurigkeit. Eine Traurigkeit, die sie beide veranlaßt hatte, Jerusalem zu verlassen. Ihr Weg von Jerusalem nach Emmaus, denn dorthin wollten sie, war der Weg einer Flucht.

»Welch ein Ende!« seufzte Kleopas noch einmal. All ihre Hoffnungen waren zerschlagen. Vor drei Tagen wurde Jesus von Nazareth von den Römern hingerichtet, nachdem er vorher vom Hohen Rat verhört und für schuldig befunden worden war.

»Nur noch vergessen möchte ich«, sagte nun Simeon. »Ich weiß nicht mehr, wie mein Leben weitergehen soll. Kann man denn ohne Hoffnung leben?«

Seine Frage blieb ohne Antwort. Kleopas wußte nichts darauf zu sagen. Er schritt noch schneller aus, so als wollte er vor seiner enttäuschten Hoffnung und Traurigkeit davonlaufen.

Lange Zeit fiel zwischen den beiden Männern kein Wort. Simeon blickte ab und zu von der Seite auf das Gesicht des Kleopas. Starr und stumm blickte Kleopas ins Leere. Mit einem Mal vernahm Simeon Schritte hinter sich. Beinahe erleichtert hörte er auf dieses Geräusch. Er konnte die Traurigkeit und das Schweigen, das sie umgab, kaum mehr aushalten. Das Geräusch der Schritte hinter ihm tat ihm deshalb gut. Es war gut, nicht allein zu sein, und mochte es auch ein gänzlich fremder Mensch sein, der da hinter ihm ging. Simeon bemerkte, wie Kleopas neben ihm seinen Schritt verlangsamte. Ob auch er froh war, den Laut eines anderen Menschen zu hören?

Schließlich blieb Kleopas stehen, und beide drehten sich um. Sie sahen einen Mann, der im Alter ungefähr zwischen ihnen stand. Er kam auf sie zu und grüßte freundlich. Kleopas erwiderte mit leiser Stimme den Gruß. Der Fremde spürte ihnen offensichtlich ihre Zerschlagenheit ab, denn er fragte sie: »Warum seid ihr denn so bedrückt?«

Allein schon diese Frage tat Kleopas und Simeon gut. Es war schön, daß da einer war, der sie wahrnahm, der sich nach ihnen erkundigte.

»Weißt du denn nicht, was in Jerusalem geschehen ist?« fragte Kleopas schließlich. »Sie haben Jesus von Nazareth gekreuzigt. Vor drei Tagen schon. Alle unsere Hoffnung hatten wir auf ihn gerichtet. Unser ganzes Leben haben wir drangegeben, in seiner Nähe zu sein. Da war etwas, das wir sonst nicht zu spüren bekamen: Aufmerksamkeit, Wärme. Und seine Worte waren voller Wahrheit, eine Wahrheit, die guttat, nicht wehtat. Er hat uns erst die Augen geöffnet für uns und unsere Welt.«

»Große Worte sprecht ihr da«, entgegnete der Fremde, und Simeon meinte ein Lächeln auf seinen Lippen zu sehen.

»Und doch merke ich«, fuhr Simeon fort, »daß meine Worte, meine Sprachkraft nicht ausreichen, wirklich das zu beschreiben, was wir in seiner Nähe erlebt haben. Deshalb denke ich oft an die Worte unserer Propheten. Sie konnten sehr anschaulich sagen, wie wir diesen Jesus erlebt haben. So sagte Jesaia: ›Das Volk, das im Finstern wandelt, sieht ein großes Licht, und über denen, die da wohnen im finstern Lande, scheint es hell.‹ Und weiter sagt er: ›Und es wird ein Reis hervorgehen aus dem Stamm Isais und ein Zweig aus seiner Wurzel Frucht bringen. Auf ihm wird ruhen der Geist des Herrn, der

Geist der Weisheit und des Verstandes, der Geist des Rates und der Stärke, der Geist der Erkenntnis und der Furcht des Herrn.‹ Wie ein solches Reis war dieser Jesus für uns, wie ein solches Licht. Und nun ist er tot.«

»Was habt ihr denn erwartet?« fragte der Fremde, der sehr aufmerksam den Worten des Kleopas gefolgt war.

»Daß alles anders werden wird«, antwortete dieser. »Daß er der Zerrissenheit in unserem Lande und der Zerrissenheit in uns selbst ein Ende bereitet. Daß etwas wahr werden wird von dem, was die Propheten uns immer wieder angekündigt haben. Ja, ich habe gehofft, daß er der Messias sein wird, der uns alle erlösen wird.«

»Du hast nur einen Teil aus den Schriften der Propheten zitiert«, antwortete darauf der Fremde. »Heißt es bei demselben Propheten Jesaia nicht auch: ›Fürwahr, er trug unsere Krankheit und lud auf sich unsere Schmerzen. Wir aber hielten ihn für den, der geplagt und von Gott geschlagen und gemartert wurde. Aber er ist um unserer Missetat willen verwundet und zerschlagen. Die Strafe liegt auf ihm, auf daß wir Frieden hätten, und durch seine Wunden sind wir geheilt?‹«

Kleopas blieb bei diesen Worten plötzlich stehen und schaute dem Fremden lange ins Gesicht, so als suche er dort etwas. Er wollte anfangen zu sprechen, doch kein Wort kam aus seinem Mund. Er schüttelte nur den Kopf, ohne den Blick von dem Fremden zu wenden.

»Einen Sieger habt ihr erwartet«, fuhr der Fremde fort.

»Nur ein Sieger kann anderen helfen«, sagte Kleopas.

Zum ersten Mal lachte der Fremde. Es war kein schadenfrohes, kein besserwisserisches, kein triumphierendes Lachen, sondern eher ein befreiendes, ein aufmunterndes Lachen. Und als ein solches nahmen es Kleopas und Simeon auch wahr.

»Woher habt ihr denn diese Weisheit?« sagte der Fremde noch mit seinem Lachen auf den Lippen. »Was waren sie denn, die Propheten selbst? Sind sie vom Volk triumphierend auf den Schultern getragen worden? Hat man sie zu Ministern gemacht? Nein, wenn sie geduldet wurden, dann war das schon viel. Vom Propheten Jeremia erzählt man sogar, daß er verbittert und verzweifelt fern seiner Heimat irgendwo in Ägypten gestorben ist. Und denkt weiter an Abraham, an Isaak, an Jakob. Waren das Siegernaturen? Abraham, der erst im Alter seine Ruhe fand? Isaak, der zusehen mußte, wie der eigene Sohn den Bruder um den Vatersegen betrog? Und Jakob, der Wendige, der Listige, und doch geschlagen durch den Streit seiner Kinder, die seinen Lieblingssohn in der Wildnis aussetzten? Waren das einfach nur ›Sieger‹? Wenn ihr Leben gelang, dann war dies nicht ihr Verdienst, sondern weil Gott auch noch das Schlechteste zum Guten wenden kann. Sieger? Waren das Sieger, von denen uns da erzählt wird?«

»Ja, aber beim Messias – da muß doch alles ganz anders sein«, sagte nun der junge Simeon, und Kleopas bekräftigte dessen Worte mit einem kurzen Kopfnicken.

»Vielleicht ist beim Messias auch alles ganz anders«, sagte der Fremde. »Vielleicht ist es so anders, daß er noch viel, viel weniger eine Siegernatur ist als alle Propheten vor ihm. Vielleicht ist er so einer wie der geschundene Mensch, von dem Jesaia erzählt. Und wer weiß, was solche Menschen bewirken können? Vielleicht können sie mehr bewirken als alle Könige Israels, mehr als der römische Statthalter in Jerusalem, mehr als der Kaiser in Rom. Vielleicht ist es allein der Verzicht auf die Macht, der der Macht eine Grenze setzen kann.«

Kleopas unterbrach den Fremden. Etwas hatte sich am Klang seiner Stimme verändert: »Merkwürdig, was du da sagst. Ich höre es heute zum ersten Mal, und doch kommt es mir vertraut vor. Und etwas ebenso Merkwürdiges ist ja schon heute morgen geschehen. Ein paar Frauen (und Frauen waren ja immer in der Nähe von Jesus zu finden), die ans Grab von Jesus gegangen waren, kamen ganz aufgeregt zurück und erzählten uns, daß das Grab leer gewesen sei. Wir alle waren deshalb ganz verstört. Offensichtlich ist auch der Tod dieses Jesus ganz anders als das, was wir kennen.«

Über dem Gespräch, das sie alle in einen merkwürdigen Bann gezogen hatte, hatten sie gar nicht bemerkt, daß Emmaus bereits vor ihnen lag.

»Es ist schon Abend geworden«, sagte Kleopas zu dem Fremden. »Bleib doch die Nacht über bei uns. Wir haben in Emmaus ein gutes Quartier. Und vielleicht können wir noch mehr über das sprechen, was die Propheten gesagt und geschrieben haben.«

Es überraschte Kleopas und Simeon nicht, daß der Fremde ihre Einladung sofort annahm. Obwohl sie ihn kaum kannten, war er ihnen durch das Gespräch fast zu einem vertrauten Freund geworden.

Als sie dann zu Tisch saßen, geschah etwas, von dem Kleopas und Simeon später nur mit großer Erregung erzählen konnten. »Der Fremde«, so lautete die Geschichte in den Worten Simeons, »der Fremde nahm das Brot, sprach das Gebet darüber, brach es und gab es uns. So als ob er der Hausherr sei und nicht Kleopas, der ihn eingeladen hatte. Und in diesem Augenblick erkannten wir, daß uns gegenüber kein Fremder saß. Es war wie beim letzten gemeinsamen Mahl mit Jesus vor dessen Tod. Dasselbe Brot, dasselbe Gebet, dieselbe Geste des

Brotbrechens und dasselbe Gefühl der Nähe, dasselbe Glück: Jesus war mitten unter uns. Kleopas sah mich an, und ich sah ihn an. Tränen traten uns in die Augen, und die Welt verschwamm vor uns. Ich hörte nur noch, wie Kleopas leise neben mir weinte, und auch ich weinte. Es war ein Weinen, das all unsere Traurigkeit wegzuschwemmen schien. Nach einer Weile konnte ich Kleopas wieder sehen. Doch der Fremde war nicht mehr da. Wir waren nun wieder allein, doch nicht mehr einsam. Das gebrochene Brot lag vor uns, der Wein im Becher wartete darauf, von uns getrunken zu werden. Kleopas nahm mich in die Arme und hielt mich lange fest. Selten habe ich mich so geborgen gefühlt.

Am nächsten Tag beschlossen wir, nach Jerusalem zurückzukehren und den Schwestern und Brüdern von diesem Erlebnis zu erzählen. Auf dem Weg von Emmaus nach Jerusalem sprachen wir nicht miteinander. Nur einmal sagte Kleopas: »Gestern sind wir aus Jerusalem geflohen, heute sind wir aufgebrochen, um nach Jerusalem zurückzukehren – und in der Nacht, die dazwischen lag, sind wir andere Menschen geworden.« *A. G.*

Paulus – Der Ruf zum Aufbruch

(Apostelgeschichte 9,1–19)

Judas, der Gewürzhändler aus Damaskus, berichtet:

Vieles kann man erzählen, wenn man in Damaskus lebt. Noch mehr kann man erzählen, wenn man, wie ich, in unserer Hauptstraße, der ›Geraden Straße‹, wie sie genannt wird, einen Laden hat. Die Straße durchquert Damaskus von Ost nach West. Ihr Anfang und ihr Ende ist jeweils durch ein großes Tor in der Stadtmauer begrenzt. Jeder, der nach Damaskus kommt, sieht als erstes diese Straße. Und das ist gut so. Sie ist ein wahres Juwel des Städtebaus. Säulenhallen flankieren die Straße links und rechts. Laden reiht sich an Laden. Händler kommen und gehen, Schaulustige und Geschäftstüchtige sind zu sehen. Nicht von ungefähr ist unsere Straße im ganzen Römischen Reich berühmt.
Ich hatte vor Jahren das Glück, von einem Onkel einen Gewürzladen zu erben. Der rechte Laden an der rechten Stelle ist das. Viele, die Damaskus besuchen, decken sich gerne mit Gewürzen ein. Gewürze scheinen zudem ein beliebtes Reisemitbringsel zu sein, denn die Fremden kaufen alle mehr ein, als sie selbst in Jahren verbrauchen können. Und auch den Nachschub bekomme ich ohne große Mühe. Kaum vergeht ein Tag, ohne daß nicht mehrere Karawanen durch die Straße ziehen. Und einer ist immer darunter, der einen preisgünstigen Sack mit Gewürzen anbietet.

So lebe ich nicht schlecht. Sogar ein kleines Landhaus, draußen vor der Stadt, wo abends ein kühler Wind weht, konnte ich vor wenigen Monaten für mich und meine Familie kaufen. Zudem ist mein Beruf unterhaltsam. Wenn gerade keine Käufer da sind, setze ich mich einfach auf einen Stuhl vor meinen Laden und sehe mir das bunte Treiben an. Ich sehe Menschen aus aller Herren Länder, seltsame Tiere aus Afrika, stolze Nomaden auf ihren Kamelen, die erlesensten Waren.
Ja, wie ich schon sagte, viel kann man erzählen, wenn man in der ›Geraden Straße‹ in Damaskus wohnt. Das merkwürdigste Erlebnis aber hatte ich die letzten Tage. Jetzt erst komme ich allmählich wieder zur Ruhe und kann versuchen, mich der Reihe nach zu erinnern.

Das Ganze begann damit, daß jemand am frühen Abend an meine Ladentür pochte. Es war schon dunkel draußen, und ich hatte den Laden vor einigen Minuten verschlossen und war gerade dabei, die Tageseinnahmen zu zählen und zu verpacken. Kein leichtes Geschäft, angesichts der vielen verschiedenen Währungen und Münzen, die in Damaskus üblich sind. Ich war zunächst einmal ärgerlich. Denn es kommt recht oft vor, daß nach Ladenschluß noch an die Tür geklopft wird. Meist ist es dann ein Kunde, der unbedingt noch ein bestimmtes Gewürz braucht, weil ihm sein Täubchen, das er sich braten will, nur mit diesem Gewürz schmeckt. Doch dieses Mal hörte sich das Klopfen anders an. Die verspäteten Kunden klopfen meist recht zaghaft, freundlich sozusagen, denn sie wollen ja von mir außerhalb der regulären Öffnungszeit bedient werden. Der oder die da jetzt klopfte, war demgegenüber recht unverschämt. Es

war eigentlich schon kein Klopfen mehr, eher ein Hämmern oder Schlagen an meine Tür.
Als ich öffnete, erkannte ich der Dunkelheit wegen zunächst nur undeutlich, daß es sich um eine größere Anzahl von Männern handelte. Und ganz hinten sah ich, daß ein Mensch am Boden lag. War er gefesselt? Ich konnte es nicht genau erkennen. Jedenfalls rührte er sich nicht. Ich leuchtete mit meiner Öllampe, so gut es ging, in die Dunkelheit hinein und erkannte jetzt wenigstens, wer es war, der an meine Tür gehämmert hatte. Es war Malchos, der die Wachmannschaft am West-Tor der Geraden Straße befehligt. Malchos ist sozusagen mein neuer Nachbar. Seine Familie hat ein kleines Haus neben meinem gerade erworbenen Landhaus. Kleiner als meines, aber immerhin, wenn man bedenkt, daß Offiziere nicht gerade gut verdienen.
»Judas, ich weiß nicht mehr weiter und brauche deine Hilfe!« wandte sich Malchos an mich. ›Aufgepaßt, Judas‹, sagte ich zu mir, ›wenn ein Offizier nicht mehr weiter weiß und sich an einen Zivilisten wendet, dann handelt es sich meist um eine recht unangenehme Sache.‹ Aber ich wollte meinen neuen Nachbarn auch nicht verprellen. Deshalb setzte ich mein freundliches Gesicht auf, was man als Händler ja gelernt hat.
»Sie haben uns da einen gebracht«, fuhr Malchos fort, »und ließen ihn einfach vor meinen Soldaten am Tor liegen. Anscheinend ist er blind, vielleicht auch besessen. Die Leute, die ihn brachten, sagten etwas von einem großen Licht und einer Stimme vom Himmel. Aber ehe wir sie Näheres fragen konnten, waren sie schon wieder verschwunden und ließen ihr kurioses Paket zurück.«
Ich trat ein wenig vor und leuchtete mit meiner Lampe auf den Menschen, der am Boden lag. Was mein Auge

erblickte, ließ mich erschauern. Ein Mann, kräftig gebaut und noch nicht sehr alt, lag da und zitterte am ganzen Körper. Seine Haare waren zerzaust, seine Augen blickten ins Leere. Und mir schien es, als hätte ich auch Schaum in seinem halb geöffneten Mund gesehen. Ein Anblick, der mein Mitleid erregte. Kein angeschossenes Tier konnte ein erbarmungswürdigerer Anblick sein als dieses zitternde Bündel Mensch, das da vor mir lag.

»Kann er bei dir bleiben?« Diese Worte des Malchos rissen mich aus meinem Entsetzen. »Es würde sich ja nur um eine Nacht handeln. Ich weiß wirklich nicht, wohin mit ihm. Bei meinen Soldaten kann er ja nicht bleiben. Wer weiß, was diese rauhen Gesellen mit ihm anstellen.«

»Ja, laß ihn hier. Ich habe im hinteren Teil des Ladens ein kleines Zimmer mit einem Bett. Da kann er bleiben«, erwiderte ich mechanisch, ohne daß mir wirklich bewußt war, was ich sagte. Malchos half mir, den Mann nach hinten zu bringen, und wie ein lebloses Wesen entglitt er unseren Händen auf die Decken, die bereit lagen.

In dieser Nacht schloß ich mich in meinem Zimmer im ersten Stock ein. Ich bin ansonsten kein furchtsamer Mensch, aber dieser Mann hatte Schichten in meinem Inneren angerührt, von deren Existenz ich bisher nichts geahnt hatte. Furcht und Schrecken, gepaart mit Mitleid, so kann ich meine Gefühle in dieser Nacht wohl am besten beschreiben.

Am nächsten Morgen betrat ich gleich bei Tagesanbruch sein Zimmer. Ein überraschender Anblick bot sich mir. Der Fremde saß auf dem Bett. Seine Lippen bewegten sich. Seine Augen aber starrten ins Leere. Als ich einen Schritt auf ihn zutrat, knarrten die Dielen unter mir. Der Mann schrak auf und rief: »Wer da?«

»Ich bin Judas, der Gewürzhändler. Du hast heute nacht in der hinteren Kammer meines Ladens geschlafen. Die Wachsoldaten vom Westtor haben dich hergebracht.«
»Wo bin ich?« fragte der Mann nun, der seines Verstandes, soviel hatte ich bereits gemerkt, wieder mächtig zu sein schien.
»In Damaskus.« Als er dies hörte, brach ein Lachen aus ihm heraus. Ein Lachen, das mich erschreckte, weil es nach viel Verzweiflung klang.
»In Damaskus, in Damaskus«, sagte er schließlich. »Als Herr wollte ich hier einziehen, und als blinder Sklave bin ich angekommen.« Ich zweifelte nun wieder, ob er wirklich seines Verstandes mächtig war. Er hatte nämlich so gar nichts von einem Sklaven an sich. Sein Äußeres schien mir, bei Tageslicht betrachtet, die Herkunft aus gutem Hause zu verraten. Seine Kleidung war die eines wohlhabenden Mannes. Deshalb fragte ich ihn: »Wer bist du?«
»Ich bin Saulus aus Tarsus!« Bei diesen Worten trat ich erschrocken zurück, und es brach aus mir heraus: »Doch nicht jener Saulus, der die Gunst des Hohenpriesters in Jerusalem hat und die neue Sekte der Christen so unnachsichtig und blutig verfolgt?« Ich bekam die Antwort: »Ja, der bin ich.«
Dieser Saulus, das wußte ich, war ein gefährlicher Mann. Er besaß Macht und Einfluß. Und er war, so hieß es, sehr jähzornig, wenn einer seinem Willen nicht sofort entsprach. Deshalb sagte ich mehr unterwürfig als freudig: »Was befiehlst du, Herr?«
Langes Schweigen. Dann eine ruhige Stimme: »Nenn mich nicht ›Herr‹. Und befehlen will ich dir gar nichts. Ich habe nur eine Bitte. Laß mich ein paar Tage in deinem Haus bleiben. Ich muß zur Ruhe kommen und meine Gedanken ordnen.«

»Gerne«, sagte ich, immer noch eher furchtsam als wirklich gastfreundlich. »Ich werde dir auch regelmäßig Speisen und Getränke bringen.« Doch ich bekam zur Antwort: »Essen werde ich nichts. Und nun geh. Laß mich allein. Bitte!«

Unsicher verließ ich Saulus. Die nächsten Stunden stand ich im Laden und hatte alle Hände voll zu tun. Mit meinen Gedanken aber war ich bei jenem seltsamen Mann in meiner Kammer. Um die Mittagszeit versuchte ich ihn zu ermuntern, eine Kleinigkeit zu essen, doch er wies alle Speise von sich. Er saß auf der Liege und betete, und seine Augen starrten ins Leere.

Drei Tage lang ging das so. Am Nachmittag des dritten Tages geschah jedoch etwas noch Seltsameres. Mein Laden war leer, und ich war gerade im Lager, als ich die drei Glöcklein am Eingang zum Laden hörte. Schnell kehrte ich in den Laden zurück und sah Hananias vor mir stehen. Hananias war allen in Damaskus bekannt. Er betrieb mit seinem Bruder eine kleine Kupferschmiede in einem der verwinkelten Gäßchen des Handwerkerviertels. Er galt als ein ehrbarer, doch etwas strenger Mann. Auch ging etwas Unnahbares von ihm aus, obwohl er ein von Herzen freundlicher Mensch war. Ich kannte jedoch niemand, der mit Hananias wirklich vertraut war. Er war ein ernster, nachdenklicher Mann.

Manch einer, der ihm begegnete, wünschte sich heimlich, selbst ein wenig so zu sein wie Hananias. Doch vergrößert ein solcher Wunsch die Distanz zwischen Menschen ja noch. Wer angesehen ist, ist oft auch sehr einsam. So hatte es denn auch niemanden überrascht, als vor einiger Zeit bekannt wurde, daß Hananias sich der neuen Gruppe, die sich Christen nennen, angeschlossen hatte. Diese Christen, soviel wußte ich, waren merkwürdige

Leute. Freundlich und zuvorkommend waren sie, aber auch ein wenig scheu. Und die meisten von ihnen kamen nicht gerade aus den besten Kreisen. Sklaven waren unter ihnen, Handwerker, Frauen, die meisten davon Witwen. ›Eine Versammlung der Zu-kurz-Gekommenen‹ hat sie Jussuf, mein Nachbar, einmal genannt. »Ob das die ganze Wahrheit ist?« habe ich ihm damals erwidert.

Und nun stand Hananias leibhaftig vor mir. Was wollte er nur? Lange mußte ich auf die Antwort nicht warten. Denn sobald er mich aus dem Lager kommen sah, rief er auch schon: »Ich möchte zu Saulus aus Tarsus, den du beherbergst.« Ich wußte nicht, war ich eher erschrocken oder erstaunt. Niemand außer Malchos und seinen Soldaten konnte wissen, daß Saulus bei mir war. Woher wußte es nun ausgerechnet dieser Hananias? Und ein weiteres Rätsel stellte sich mir. Er, der Christ aus Damaskus, warum suchte er den Mann auf, der ausgezogen war, die Christen in Damaskus zu verfolgen? Lange brauchte ich mir nicht den Kopf zu zerbrechen. Hananias schien nämlich meine Gedanken zu erraten und sagte: »Gott selbst hat mir gesagt, daß er hier ist. Und hat mich zu ihm geschickt.«

Mich konnte nichts mehr verwundern. Ohne ein Wort zu sagen, wies ich Hananias den Weg und wurde Zeuge der wunderlichsten Szene, die ich je erlebte. Saulus saß wie all die Tage schon auf seinem Bett und bewegte seine Lippen, während seine Augen ins Leere blickten. Als er hörte, daß ich nicht allein zu ihm kam, sagte er mit fester Stimme: »Bist du es, Hananias?« Woher, um alles in der Welt, wußte dieser blinde Mann, daß Hananias vor ihm stand? Saulus sprach schon weiter: »Gott hat dich mir angekündigt. Ich bin gekommen, euch zu vernichten. Aber der Herr ist mir erschienen.« Ich wußte, daß die

Christen diesen Jesus von Nazareth, den die Römer gekreuzigt hatten, ihren Herrn nannten. Dieser Jesus war also dem Christenverfolger erschienen. Er hatte sich ihm offensichtlich in den Weg gestellt.

Mit einem Male ging eine ungeheuere Verwandlung in und mit Saulus vor. Er, der sich in den letzten Tagen kaum oder nur sehr langsam bewegt hatte, stand plötzlich auf und trat mit schnellen Schritten und ausgestreckten Händen auf Hananias zu. Und dann wurde ich Zeuge eines Ereignisses, das man gemeinhin wohl ein Wunder nennt. Kaum hatten Hananias und Saulus sich berührt, kam wieder Licht in die Augen von Saulus. Ein Paar neugierige, lebendige, und wie mir schien, sehr frohe Augen blickten mich an.

Ich begreife es immer noch nicht, daß ein Mensch sich von einer Minute auf die andere so verändern kann. Saulus sagte mir, dies sei das Werk Gottes selbst gewesen. Gott selbst habe ihn aus der Bahn geworfen und ihm einen neuen Weg gewiesen. Er müsse nun aufbrechen auf diesem neuen Weg. Dann schüttelte er mir die Hände und strahlte mich aus seinen freundlichen blitzenden Augen heraus an. Mir wurde dabei ganz warm ums Herz.

Seit drei Stunden ist Saulus nun fort. Er ging mit Hananias weg. Wahrscheinlich feiern sie jetzt gemeinsam ihren Gottesdienst. Ich stelle mir vor, daß dies ein fröhlicher Gottesdienst sein muß. Immer wieder muß ich an die Augen des Saulus denken, als er vom Aufbruch auf seinem neuen Weg sprach. Mit gebrochenen Augen ist er vor drei Tagen zu mir gekommen. Und weggegangen ist er mit einem Strahlen in den Augen, ein Strahlen, das ich auch in den Augen meiner Kinder sehe, wenn sie ein unerwartetes Geschenk bekommen. Ich denke, wir werden noch viel von diesem Saulus hören... *A. G.*

Der Weg ins Leben – Ein Brief an Paulus aus Tarsus

(Römer 5,1–11)

Lieber Paulus!

Das meiste, was wir von Dir wissen, das wissen wir aus Deinen Briefen. Dort trittst Du uns als ein ebenso leidenschaftlicher wie wortgewaltiger Theologe entgegen. Manchmal wünschte ich mir, ich könnte solche Briefe schreiben wie Du. Briefe voller Leidenschaft und Engagement, aber auch voll grüblerischer Nachdenklichkeit und glasklarer Argumentation. Nicht immer bekommst Du das auch in Deinen Briefen zusammen: Das Gefühl und den Verstand, das Herz und den Kopf. Aber stets spüre ich, wie Du Dich danach sehnst, ein solcher ganzer Mensch zu werden, für den Herz und Kopf keine Gegensätze mehr sein müssen.
Ich vermute, daß es nicht nur äußere Zwänge waren, die Dich so viele Briefe schreiben ließen. Zweifellos waren auch solche äußere Umstände mit für Deine Briefe verantwortlich. Sehr oft warst Du weit von den Gemeinden entfernt, denen Du ein Wort zukommen lassen wolltest. Die großen Konflikte, in die Du hineingestellt warst und die Du nicht selten mit provoziert hast, waren ja mit Deinem Weggang aus einer Gemeinde nicht erledigt. Oft schwelten sie jahrelang untergründig weiter, um dann plötzlich (wie gering mag oft der Anlaß dafür gewesen sein!) mit Urgewalt wieder hervorzubrechen. Und nicht immer konntest Du sofort selbst zur Stelle

sein, um Dein Wort in die Waagschale der Argumente zu werfen. Einige Deiner Briefe sind im Gefängnis entstanden. Nur Deine Briefe, wenn überhaupt, konnten die Mauern des Gefängnisses überwinden. Briefe aus dem Gefängnis, das spüren wir bis auf den heutigen Tag immer wieder, sind ja besonders intensive Briefe. In der Gefangenschaft lernt man den Wert der Freiheit erst recht schätzen; in der Einsamkeit merkt man, wie unentbehrlich die Nähe von anderen Menschen ist; und in der Stille einer Gefängniszelle lernt man, die Lebendigkeit des menschlichen Wortes zu schätzen.

Deswegen ist wohl noch ein sehr viel tieferer Grund dafür zu erkennen, daß Du so viele Briefe geschrieben hast. Du warst zweifellos ein streitbarer Mann. Als ein solcher Mann trittst Du uns an vielen Stellen Deiner Briefe entgegen. Aber Du warst nicht deshalb ein streitbarer Mann, weil Du den Streit um des Streites willen suchtest. Eher war das Gegenteil der Fall. Nicht selten bittest, ja erflehst Du Zustimmung von denen, an die Deine Briefe gerichtet waren. Du warst im Grunde ein Mann, der sich nach Frieden und Geborgenheit sehnte. Man merkt es vor allem Deinen Briefen nach Korinth an, wie sehr Du unter der Ablehnung, auf die Du dort gestoßen bist, gelitten hast. Und deshalb suchtest Du immer wieder das Gespräch, gerade auch mit denen, die ganz anderer Meinung waren als Du.

So streitbar Du auch warst (und streitbar warst Du oft bis an die Grenze des Erträglichen!), Du suchtest nur den Streit um des ersehnten Zieles willen – um eines Einverständnisses willen. Deine Briefe sind durchzogen von der Sehnsucht nach dem Dialog, dem Gespräch. Einem Gespräch, das Gräben überwindet und Grenzwälle überflüssig macht. Deine Briefe sind in ihrem Kern eine

Einladung zum Gespräch, auch noch dort, wo Du manchmal schroff, vielleicht zu schroff redest.
Ich möchte deshalb heute in ein solches Gespräch mit Dir eintreten über einige Sätze, die Du an die Christinnen und Christen in Rom geschrieben hast. Dein Brief nach Rom ist ja so etwas wie Deine Visitenkarte. Du hast Deinen Besuch in Rom angekündigt. Und ich stelle mir vor, wie die Frauen und Männer in Rom auf Dich gespannt waren, den so streitbaren und umstrittenen Apostel. Die wenigsten dort kannten Dich bereits persönlich, aber alle werden schon von Dir gehört haben. Dabei mögen die Gefühle damals in Rom durchaus widersprüchlich gewesen sein. Sicher war man stolz darauf, daß ein so berühmter Mann seinen Besuch ankündigte. Aber es werden auch bange Fragen aufgekommen sein. Wie wird er uns beurteilen, der strenge Paulus? Wird es uns wie den Korinthern gehen? Nicht immer hattest Du ein Gespür für Situationen. Die Korinther werden sich manchmal nicht ohne guten Grund von Dir mißverstanden und ungerecht behandelt gefühlt haben. Aber diesmal, vor Deinem Besuch nach Rom, da hattest Du ein Gespür für die Situation. Bist Du weiser geworden im Alter? Altersmild, was etwas anderes ist als altersblind? Der milde Blick auf die Menschen nimmt ja allemal mehr wahr als der zornige Blick.
Wie dem auch sei, diesmal hast Du sehr sensibel gespürt, was angemessen war. Die Sprache Deines Briefes an die Römer ist heller, klarer als die Sprache Deiner Briefe nach Korinth. Er stellt aber auch hohe Ansprüche an die, die ihn lesen. Oft fühlt man sich an die theologischen Dispute in den Synagogen oder an die gelehrten Gespräche in den Philosophenschulen Deiner Zeit erinnert. Du hast den Christinnen und Christen in Rom viel an

Gedanken zugemutet. Aber die Männer und Frauen in Rom werden sehr schnell gemerkt haben, daß der, der an sie schreibt, sie durch den hohen Anspruch nur ehrt. Du redest nicht zu Untergebenen oder Unmündigen, sondern Du sprichst von gleich zu gleich.

Und wie könnte man besser in ein Gespräch eintreten mit einem so leidenschaftlichen Briefschreiber, der sein Gegenüber durch so hohe Ansprüche ehrt, als daß man selbst einen Brief an ihn schreibt? Deshalb also wage ich diesen Brief über die Zeiten und Orte hinweg. Es ist ein Brief, der die Erfahrungen von Jahrhunderten überbrükken muß. Und dennoch hoffe ich, daß dieser Brief Dich in Deinen Erfahrungen erreicht und die Erfahrungen eines Menschen im ausgehenden 20. Jahrhundert zum Ausdruck bringt.

In Deinem Brief an die Christinnen und Christen in Rom finde ich einen kurzen Abschnitt, der mich auf eine ganz besondere Weise herausgefordert hat. Da schreibst Du:

»Da wir nun gerecht geworden sind durch den Glauben, haben wir Frieden mit Gott durch unseren Herrn Jesus Christus; durch ihn haben wir auch Zugang im Glauben zu dieser Gnade, in der wir stehen, und rühmen uns der Hoffnung der zukünftigen Herrlichkeit, die Gott geben wird. Nicht allein aber das, sondern wir rühmen uns auch der Bedrängnisse, weil wir wissen, daß Bedrängnis Geduld bringt, Geduld aber Bewährung, Bewährung aber Hoffnung, Hoffnung aber läßt nicht zuschanden werden; denn die Liebe Gottes ist ausgegossen in unsere Herzen durch den Heiligen Geist, der uns gegeben ist« (Röm 5,1–5).

›Leicht machst Du es uns, lieber Paulus, nicht.‹ Mit diesem Satz muß ein Gespräch mit Dir beginnen. Nein, leicht machst Du es uns nicht. So viele große Worte in einem kurzen Abschnitt Deines Briefes: Glaube, Friede, Hoffnung, Herrlichkeit, Geduld, Bewährung, Liebe – das geht mir alles zu schnell. Das ist zu viel, was da an großen Begriffen auf mich einstürmt. Ich kenne das aus vielen Reden. Sonntagsreden nennen wir sie ironisch, weil jeder weiß, daß das, was in solchen Reden gesagt wird, in der Regel für den konkreten Alltag der Menschen nichts taugt. Hältst Du hier auch eine solche Sonntagsrede? Ich vermute nicht. Aber mit Deinen großen Begriffen, da habe ich meine Schwierigkeiten. Da bin ich ein gebranntes Kind.

Ob es Deinen Leserinnen und Lesern damals in Rom auch so ergangen ist? Vielleicht hatten sie damals noch offenere Ohren als wir, die wir Tag für Tag überschwemmt werden mit Worten und Bildern. Weniger wäre für uns nicht nur manchmal, sondern in den meisten Fällen sicher mehr. Aber vielleicht haben die Menschen damals in Rom Deine Worte ganz anders gehört. Vielleicht haben sie geradezu gewartet auf solche Worte. Worte, die eine klare Richtung angeben. Vielleicht konnten sie die Lebensglut in Deinen Sätzen noch deutlicher spüren als wir, die wir durch einen Zeitraum von beinahe 2000 Jahren von Dir getrennt sind. Nein, die Zeit, die läßt vieles undeutlicher, auch farbloser werden. Als Goldenes Wort ohne praktischen Gebrauchswert erscheint uns manches, was uns an philosophischen oder theologischen Spitzensätzen aus der Vergangenheit überliefert ist. Und die konkrete Erfahrung, die Leidenschaft, die hinter einem solchen Wort stehen, die sind damit natürlich verlorengegangen.

Nein, Goldene Worte hast Du sicher nicht gesprochen. Dies spüre ich Deinen Worten ab. Es sind keine großen Worte, mit denen Du bluffen oder auch nur beeindruk-

ken willst. Du willst Dich auch nicht schmücken mit Deiner rhetorischen Gabe, obwohl Du ein ausgezeichneter Rhetoriker bist. Nein, wenn mir auch diese Deine Worte zu groß und zu massig erscheinen, ich spüre deutlich den Ernst, den Lebensernst, der hinter diesen Worten steht. Vielleicht kann ich gerade deshalb nicht so schnell mit Dir mitgehen, weil ich spüre, daß hinter jedem Wort von Dir so viel an Lebenserfahrung, Glaubenserfahrung und auch an Nachdenken über Deine Erfahrungen steht.
Ich möchte deshalb einfach versuchen, mich etwas langsamer, als Du es getan hast, Deinen Worten anzunähern. Ich will versuchen, sie nachzubuchstabieren, ihnen abzuspüren, was denn nun von Deiner Lebens- und Glaubenserfahrung in sie eingegangen ist.
Mit dem ersten Satz bist Du ja bereits bei Deinem großen Lebensthema, das alle Deine Briefe wie ein roter Faden durchzieht. Vom Frieden mit Gott ist da die Rede. Friede ist auch in unserer Zeit immer noch eine Sehnsucht, hinter der wir Menschen herrennen. Und wir spüren in unseren Tagen, ein wie zerbrechliches Gut dieser Friede ist. In Europa werden wieder Bürgerkriege geführt. Rivalitäten zwischen nationalen Gruppen, die wir längst für überwunden hielten, erweisen sich als zählebiger, als wir uns das gedacht hatten. Man kann dies zwar beklagen, aber etwas dagegen zu tun, das erweist sich als sehr, sehr schwer. Deshalb stehen wir den Ausbrüchen von Haß und Gewalt so hilflos gegenüber. Und die politischen Experten sagen uns, daß durch die großen politischen Umgestaltungen, die in den letzten Jahren unsere Erde verändert haben, der Friede nicht sicherer geworden ist. Mit dem Ende des Ost-West-Gegensatzes sind ja die anderen großen politischen Probleme der Weltge-

meinschaft nicht gelöst. Wie umgehen mit der Armut in der Dritten Welt, die nicht zuletzt durch ein ungerechte Weltwirtschaftsordnung bedingt ist? Wie umgehen mit den ökologischen Problemen, die alle auf unserer Erde, Arme und Reiche, gleichermaßen bedrohen? Wie umgehen mit der Angst und Verzweiflung vieler, vor allem junger Menschen, die keine Lebensperspektive mehr haben und deshalb zu Drogen greifen? Der Dschungel – das ist nicht etwas weit Entferntes, sondern er ist bereits in die Metropolen gerade der reichsten Länder der Erde eingedrungen. Wer schon mit offenen Augen durch New York, Paris, London oder Berlin gegangen ist, der weiß, wovon ich rede.

Und da sprichst Du vom Frieden, als ob er eine Selbstverständlichkeit wäre. Eine Realität, die mit Händen zu greifen ist. Du redest nicht von einer Sehnsucht, von einem Traum, dem wir Menschen nachhängen, sondern von einer handfesten realen Gegenwart des Friedens. Bist Du ein Phantast oder willst Du uns provozieren?

Wenn ich mir Deine Worte genauer ansehe, dann merke ich allerdings, daß sie doch auf eine andere Weise vom Frieden reden, als wir dies heute in der Regel tun. Wir denken darüber nach, wie wir mit politischen und sozialen Maßnahmen den Frieden auf Erden, wenn schon nicht sicher, dann doch ein wenig wahrscheinlicher machen können. Und daß wir dies tun, ist ja auch nicht schlecht. Wir Menschen können etwas tun, damit die Kluft zwischen armen und reichen Ländern nicht immer noch größer wird. So stimmt es hoffnungsvoll, daß auch viele Politiker immer ernsthafter über einen Schuldenerlaß gegenüber den Ländern der sogenannten Dritten Welt nachdenken. Wir können etwas dafür tun, daß junge Menschen in den reichen Industrieländern wieder

eine Lebensperspektive haben können. Dies hat viel mit einer guten Bildung und die Aussichten auf einen Beruf zu tun, der mehr ist als nur ein Job. Für all das können wir Menschen etwas tun. Und all dieses Tun ist immer auch ein Stück Friedensarbeit.
Du erinnerst uns jedoch noch an eine ganz andere Seite des Friedens. Und ich denke, daß Du damit etwas ganz Wichtiges, ganz Entscheidendes erkannt hast. Du sprichst nicht als erstes vom Frieden, den die Menschen sich gegenseitig geben können (ach würden sie das nur tun!), sondern Du erinnerst an den Frieden, der uns Menschen von Gott geschenkt ist.
Und es tut uns gut, uns von Dir an den uns *geschenkten* Frieden erinnern zu lassen. Vielleicht entsteht sehr viel Unfriede unter den Menschen erst dadurch, daß wir Menschen alles machen und in den Griff bekommen wollen. Unser Jahrhundert hat uns ja gezeigt, daß dort, wo Menschen das Paradies auf Erden errichten wollten, sehr viel schneller die Folterkammern und Arbeitslager entstanden sind. Der Archipel Gulag, die Schauprozesse Stalins, die waren nur möglich, weil sehr viele Menschen aus sehr edlen Motiven heraus die Augen vor den angeblich unvermeidlichen Schattenseiten des Fortschritts verschlossen haben.
Nein, ich denke, da siehst Du etwas ganz Wichtiges. Daß Friede nur dort entstehen kann, wo er aus Frieden geboren wird. Friede entsteht nicht aus Kampf und Streit, sondern eher aus dem Gefühl des Beschenktseins und einer so altmodisch erscheinenden Tugend wie der Dankbarkeit heraus.
Überhaupt sind wir gegenwärtig dabei, zu entdecken, daß manches von dem, was wir über Jahre hinweg für eine altmodische, überholte Tugend hielten, plötzlich

wieder eine neue, vorwärtsweisende Kraft entwickelt. Dies sollte nicht mit Resignation oder Konservatismus verwechselt werden. Seltsamerweise sind es heute eher die Konservativen, die so gerne von den Sachzwängen einer Industriegesellschaft oder einer Wirtschaftsordnung sprechen. Machmal denke ich, ach hätten die Konservativen doch etwas mehr von den alten Tugenden bewahrt, dann würde mancher von ihnen beschworene Sachzwang gar nicht mehr so selbstverständlich erscheinen. Nein, es ist schon lange nicht mehr klar, was wirklich verdient, konservativ oder fortschrittlich genannt zu werden.

Und dann redest Du, kaum ist Dir das Wort vom Frieden über die Lippen gekommen, plötzlich von der Bedrängnis. Warum dieser abrupte Themenwechsel? Gehen Dir hier Deine Gedanken durch? Oder steckt hinter Deinen Worten nicht doch auch wieder eine wichtige Erfahrung? Du bist keiner, der seine Augen vor der Welt verschlossen hat. Immer wenn ich mir vorstelle, wie Du damals in Korinth oder Jerusalem oder Antiochia durch die Straßen gegangen bist, dann sehe ich einen Mann vor mir, der mit offenen, glasklaren und wachen Augen durch das Leben geht.

Du hast es erlebt damals in Damaskus, wie Du Dein Augenlicht zum zweitenmal gewonnen hast. Und wer dies spürt, was es bedeutet, nach einer Zeit der Blindheit wieder sehen zu können, der wird mit seinen Augen anders, bewußter, sehr viel bewußter umgehen. Der wird seine Augen nicht mehr verschließen vor der Realität unserer Welt. Und wird deshalb auch die dunklen Seiten unseres Lebens sehen. Dein Aufbruch in ein neues Leben war verbunden mit einem ganz neuen Blick auf Menschen und Dinge. Plötzlich hast Du die Welt mit

anderen Augen gesehen, und deshalb bist Du ein anderer geworden.
Uns wird immer wieder ein Bild von der Welt vermittelt, in der nur die hellen, schönen und strahlenden Seiten unserer Welt, die es ja Gott sei Dank wirklich gibt, sichtbar sein sollen. Manche Katastrophenbilder, die sehen wir vielleicht noch im Fernsehen oder wir lesen die Schlagzeilen in der Zeitung. Aber die so gänzlich alltäglichen, die nicht spektakulären dunklen und schweren Seiten des Lebens, die werden doch sehr gerne verschwiegen: Die jahrelange Krankheit, wenn ein Ehepartner den anderen pflegt und mit ihm leidet. Die Verzweiflung eines Vaters, der den Kontakt zu seinen Kindern völlig verloren hat, so daß kein Gespräch mehr möglich erscheint. Die Einsamkeit eines Kindes, das sich sagen muß: Meine Eltern interessieren sich eigentlich nicht für das, was mich bewegt. Dies alles ist keine Schlagzeile wert. Und gerade darauf lenkst Du den Blick. Auch das ist Leben – so sagst Du uns. Verschließt eure Augen nicht davor.
Deshalb rätst Du uns zu Geduld und Bewährung. Vielleicht sind das wieder ein wenig altmodisch gewordene Begriffe. Und oft (viel zu oft!) wurde mit diesen Begriffen auch Schindluder getrieben. Nicht zuletzt auch in der Kirche, von der Du damals noch nicht ahntest, welche Entwicklung sie nehmen wird. Du hast damals sicher nicht gemeint, daß Menschen alles und jedes ertragen sollen. Nein, Du selbst warst viel zu sehr Rebell, als daß Du für hilfloses und ohnmächtiges Stillhalten eingetreten wärest.
Nein, mit den Worten von Geduld und Bewährung, damit hast Du etwas mehr Aktives, sehr Weltveränderndes im Blick. Und deshalb spüren heute viele Menschen immer noch, daß Du mit diesen Worten an etwas Wichti-

ges erinnerst. Wir heute haben für das, was Du damals meintest, das Wort von der Solidarität. Dieses Wort ist uns näher, aber es ist Deinen Begriffen von Geduld und Bewährung nicht fern. Wer solidarisch sein will, der braucht in der Tat viel, viel Geduld, der muß sich bewähren, auch in schweren Situationen. Viele Christinnen und Christen aus der Dritten Welt haben uns, die wir in einem reichen Industrieland leben, diese Wahrheit aufs neue gelehrt.
Dies alles predigst Du uns nicht als eine moralische Verpflichtung. Einem solchen Verständnis des Lebens versuchst Du ja dauernd zu entkommen. Nein, da bist Du Dir in all Deinen Briefen ganz sicher, das Leben, das gewinnt man nicht dadurch, daß man zunächst einmal bestimmte Regeln und Pflichten erfüllt. Solche Regeln und Pflichten gehören für Dich zwar auch zum Leben dazu, daran läßt Du keinen Zweifel, aber sie sind für Dich weder das Erste noch das Letzte im menschlichen Leben. Für dieses Erste und Letzte, dafür hast Du ganz andere Namen. Der Friede Gottes, das war Dein erstes Wort. Und die Liebe Gottes, das ist Dein letztes Wort. Vielleicht ist das von mir auch schon wieder ganz falsch formuliert. Es sind ja nicht Deine Worte. Nicht Du stehst dafür ein. Darüber warst Du Dir immer im klaren. Du hast Dich nicht als der Garant Deiner Botschaft verstanden. Sondern Gott selbst steht für dieses Wort ein. Er spricht das erste und letzte Wort über unser Leben. Und dieses Wort ist ein gutes Wort. Deshalb konntest Du die Geschichte von diesem Gott, die Du auch nach Rom bringen wolltest, als eine gute Geschichte, eine gute Nachricht bezeichnen.
Bei meinem Mitgehen mit Dir ist mir allmählich klar geworden, was Du mit Deinen großen Worten, die mich

anfangs so verwirrt haben, eigentlich bezweckst. Im Grunde beschreibst Du den Weg eines gelungenen menschlichen Lebens. Oder noch besser: Du lädst zum Aufbruch in ein gelingendes Leben ein. Ein Leben, das aus dem Frieden Gottes heraus lebt und sich auf dem Weg hin zur großen Liebe Gottes zur Welt befindet. Ein Leben, das gerade deshalb nicht die Augen vor der Realität dieser Welt verschließt, sondern solidarisch Anteil am Ergehen der Menschen nimmt. Das Leben, das Du beschreibst, ist ein Leben, das zu leben sich lohnt.

A. G.

DIE AUTOREN

Albrecht Grözinger
Jahrgang 1949. Studium der Evangelischen Theologie in Tübingen und Mainz. Promotion und Vikariat. 1987 Professor für Praktische Theologie an der Universität Mainz. Pfarrer an der Stadtkirchengemeinde in Ludwigsburg.

Elisabeth Grözinger
Jahrgang 1953. Studium der Evangelischen Theologie und der Germanistik in Mainz. Promotion. Vikariat in Stuttgart und Mutlangen. Zur Zeit tätig als Krankenhausseelsorgerin in Stuttgart.